Schweizer Pioniere der Wirtschaft und Technik
71

Werbeprospekt aus dem Gründungsjahr 1892

Beat Kleiner

Hermann Kummler-Sauerländer
1863–1949

Ein Leben für den Leitungsbau und für die Bahnen

3., erweiterte Auflage

Verein für wirtschaftshistorische Studien

Die Herausgabe dieses Bandes wurde ermöglicht
durch Beiträge von Nachkommen Hermann Kummlers
und Kummler + Matter AG, Zürich

3., erweiterte Auflage

© Copyright 2009 by Verein für wirtschaftshistorische Studien.
Originalausgabe 1999.
Alle Rechte vorbehalten.
Herausgegeben vom Verein für wirtschaftshistorische Studien,
Vogelsangstrasse 52, CH-8006 Zürich.
Herstellung: R+A Print GmbH, CH-8752 Näfels.

ISBN 978-3-909059-36-2

Inhalt

Vorwort   6

Die Anfänge der Elektrotechnik   7

Kummlers Herkunft   8
Aarau und Brasilien – Lehr- und Wanderjahre, Marseille – Brasilien

Bäurlin & Kummler   11
Neues, helles Licht für Aaraus Stuben – Elektrizitätswerk Olten-Aarburg: Kraftwerk Ruppoldingen – Deutsche Kraft am Rhein – Sprecher & Schuh – Aaraus Undank – Sonnerien, Telefone und neue Apparate

Aufschwung zu den Grossen   17
Fabrikneubau – Kontakte mit AEG und Schuckert – Familiengründung – Konzession für Schinznach – Acetylen- und Gasglühlicht als Konkurrenz – AEG, Voigt & Haeffner und C. F. Benz – Schweizerische Automobil-Gesellschaft Aarau – Trolleybusprojekt Weggis-Brunnen – Expansion im Leitungsbau – Entree in Graubünden – Preiskampf und Verbandsarbeit: SEV und VSEI

Mit dem Simplontunnel auf der Höhe   29
Start im Bahnbereich – Das grosse Wagnis Simplontunnel – Erfolgreiche Elektrifikation –«Kummler & Matter» – Einstieg in den deutschen Leitungsbau – Rupperswil – Von der Kollektiv- zur Aktiengesellschaft – Konzession für ein Kraftwerk Rupperswil – Und wiederum die Bahnen – Projektarbeit in Mähren

Der Erste Weltkrieg   45
August 1914: Kriegsausbruch – Als Schweizer im Besitz geheimer deutscher Festungspläne – Die Realität des Krieges ... – ... und seine langen Schatten

Die grossen Leitungsnetze der Nachkriegszeit   61
Rhätische Bahn – Scheidegg- und Fricktalbahnprojekte – Wasserwirtschaft – Das grosse Zögern bei den SBB – Neuer Schwung mit der Ära Schrafl – Und nochmals die privaten Bahnen – Realistische und utopische Projekte im Ausland – Hochspannungsleitungen, Niederspannungsverteilnetze und Schwachstromanlagen

Das Universalunternehmen an der Wende   89
«Simplon», «Phoebus» und Quarzilit als Zauberstab – Probleme mit dem Apparatebau – Expansion ins Ausland – Der letzte Akt – Und wer war denn Kummler eigentlich ? – Die letzten Jahre

Kummler + Matter nach der Ära Kummler   99

Chronik   100

Quellen und Literatur   102

Vorwort

Über den Aufstieg und den Sturz des bedeutenden Schweizer Pioniers im Leitungsbau soll nicht in nüchtern trockener, sondern farbig anschaulicher Form berichtet werden. Die enge Beziehung des Autors zu Hermann Kummler legt es zudem nahe, Persönliches einzuflechten, um das Bild abzurunden. Das Technische, das in imposanter Weise geschaffen wurde, ist nur eine Seite dieses Lebenslaufs. Das Schicksal, das diesem erfinderischen und rührigen Mann zuletzt beschieden war, gehört unteilbar zum Ganzen.

Der Autor wurde als Enkel Kummlers in jenem Jahr geboren, in dem das Lebenswerk des Pioniers zusammenbrach. Er hat zwar, was sich damals ereignet hatte, nicht selbst miterlebt, nur an den Folgen teilgehabt und die letzten Jahre von Kummlers Lebensweg durch eine besonders tiefe Verbundenheit in recht intensiver Weise mitverfolgt.

Die Absicht, Kummlers nicht alltäglichen Werdegang nachzuzeichnen, bestand seit langem. Eigenes hektisches und ausgefülltes Leben liess die Pläne vorerst ruhen, bis sich die notwendige Musse ergab, die Schilderung an die Hand zu nehmen. Als Grundlage diente ein von Kummler selbst verfasster, eingehender Bericht. Persönliches entstammt eigenem Empfinden aus vielen Aufenthalten im grosselterlichen Heim.

Die Umstände, unter denen Kummlers Karriere beendet wurde, hatten leider dazu geführt, dass sein Wirken weder bei seinem Ausscheiden aus dem von ihm gegründeten Unternehmen noch bei seinem Tode so gewürdigt wurde, wie es seinen Verdiensten entsprochen hätte. Erstmals 1984, als Kummler & Matter 75 Jahre nach Gründung der Aktiengesellschaft ein Jubiläum feierte, wurde auf Kummlers Laufbahn näher eingegangen. Mit dem im Dezember 1995 von Vandalen mutwillig entfachten Brand des alten Fabrikgebäudes in der Bleichematt in Aarau wurde in seiner Heimatstadt das letzte Zeugnis seines Wirkens ausgelöscht. Mit dieser Publikation sei Versäumtes nachgeholt, aus Dankbarkeit für alles, was der Autor an Gemüt, Wissen und handwerklichem Geschick in seinen Jugendjahren im grosselterlichen Hause mitbekommen hatte.

Die Anfänge der Elektrotechnik

Von der Entdeckung der Elektrizität durch Benjamin Franklin im Jahre 1752 bis zur industriellen und kommerziellen Auswertung dieser neuen Energie vergingen fast hundert Jahre. 1837 wurde sie erstmals im Übermittlungssektor durch die Erfindung des Telegrafen genutzt. Erst nachher fand sie Anwendung bei der Beleuchtung und beim Antrieb von Motoren. Um 1880 begann die Entwicklung, die Industrie und Lebensqualität während etwa 50 Jahren grundlegend verändern sollte und mit der Elektronik in einer neuen Welle weiterhin rasant umgestaltet.

Die Periode von 1880 bis in die Jahre nach dem Ersten Weltkrieg war für den Sektor «Licht und Kraft» von entscheidender Bedeutung. Herstellung und Übertragung der elektrischen Energie wurden in erstaunlich kurzer Zeit vorangetrieben. Das Wasser, das bis anhin Transmissionen für mechanische Kraft in den Fabriken angetrieben hatte, bewegte fortan Dynamomaschinen. Neuere grössere Flusskraftwerke entstanden, um die Wasserkraft in Strom umzuwandeln. Die neue Energie war nicht mehr ortsgebunden, musste aber übertragen werden. Leitungsnetze waren über Land zu ziehen und in den Dörfern und den Städten für die Feinverteilung einzurichten. Zudem waren Lampen und Apparate zu produzieren und zu installieren. Das erleichterte die gewerbliche und industrielle Arbeit und hob die Qualität des Lebens in den Häusern.

Die neue Technik begann im Kleinen. Werkstatt-Erfindungen, beeinflusst von Impulsen derer, die schon weiter waren und ihre Produkte an Messen präsentierten, setzten sich in zähem Überzeugungskampf gegen grosse Skepsis durch, die lange noch die Finanzierung durch die Banken bremste. Dieser Anfang gab allen eine Chance, die Ideen und Tatkraft hatten. Pioniergeist zählte mehr als Hochschulbildung.

Die Eisenbahn, die schon im Dampfzeitalter von besonderer Faszination für die Pioniere gewesen war, bot nochmals eine Chance mit enormem Potential. Unser Land mit den grossen Wasserkräften war prädestiniert, mit der Elektrifikation der Bahnen voranzugehen.

In diesem Umfeld ist Hermann Kummlers Lebenslauf zu sehen.

Kummlers Herkunft

Aarau und Brasilien

Hermann Kummler kam am 27. Juni 1863 als Sohn des Paul Casimir Emil Kummler von Münchenstein (Baselland) und der Auguste Frey von Aarau in Aarau zur Welt. Der Vater, in Aarau aufgewachsen, hatte 1860 die Tochter eines Bruders von Bundesrat Friedrich Frey-Herosé nach kurzer Verlobungszeit geheiratet, er im neunundzwanzigsten, sie im zwanzigsten Altersjahr, und die junge Frau nach Bahia mitgenommen, wo er als Kaufmann tätig war. Nach Jahresfrist kam sie mit ihrem Mann zurück nach Münchenstein. Dort brachte sie eine Tochter zur Welt und wurde von der Familie über den Ruin ihres Mannes aufgeklärt. Das Geschäft wurde von ihrem Schwager, Conrad Cramer-Frey, und den Brüdern übernommen. Als wiederum ein Jahr vergangen war, brach ihr Mann erneut nach Brasilien auf, um dort nochmals sein Glück zu suchen. Die junge Frau fristete ihr Leben vom Verkauf ihres Hab und Gutes, zog nach Basel, wo sie billige Unterkunft gefunden hatte, bis sie, völlig mittellos, von der Familie zurückgeholt, einem Knaben das Leben schenkte. Von den Eltern arg bedrängt, wurde sie in würdeloser Weise geschieden, ohne dass sie ihren Mann nochmals gesehen hatte. Dieser starb 1866 einsam in Muritiba bei Bahia am gelben Fieber. Wer er eigentlich gewesen und was tatsächlich geschehen war, verschweigen die Dokumente, die überliefert sind, und in den Papieren aus der Hand der Frau findet sich kaum ein Wort des Vorwurfs und der Ablehnung. Auch die beiden Kinder, von feiner Sinnesart, gaben keinen Hinweis auf eine vom Vater her geerbte Schwäche des Charakters.

Lehr- und Wanderjahre, Marseille

Der Knabe wuchs wohlbehütet von der Mutter, die fortan nur noch für die Kinder lebte, in Aarau auf, besuchte dort die Schulen und begeisterte sich für die Natur. Sein Wunsch, sich der Wissenschaft zu widmen, hatte aus finanziellen Gründen nüchterner Realität zu weichen. Conrad Cramer-Frey, jetzt Nationalrat, Kummlers Onkel, Hauptbeteiligter am brasilianischen Geschäft, war Vormund. Da kein Vermögen vorhanden war, lebte die Mutter auf Kosten der Familie. Der Vormund, der in besten Verhältnissen war und keine Kinder hatte, tat die Geste nicht, die man eigentlich erwartet hätte. So trat der junge Mann 1881 bei der Aargauischen Creditanstalt in die Lehre ein und lernte Buchhaltung und Bilanz. 1884 fuhr er nach Marseille, suchte und fand dort eine Stelle im Importgeschäft mit den französischen Kolonien. Er verbesserte sein Französisch und eignete sich auch etwas Arabisch an, was im Umgang mit den Händlern aus den Kolonien von grossem Vorteil war. Im Sommer jenes Jahres wurde die Cholera in Toulon eingeschleppt und griff auf Marseille über. Der Prinzipal entfloh in Panik mit allen, die sich das leisten konnten, erteilte seinem Commis Kummler die Unterschrift und überliess ihm das Geschäft. Dieser blieb auf dem Posten, erhöhte in der halb entvölkerten Stadt, in der sich das Importgut staute, Umsatz und Gewinn und nutzte so für den Patron die Gunst der Stunde. Er beschrieb, wie sich die Seuche der Stadt bemächtigte und wie ein Kollege an der Börse neben ihm zusammenbrach, verschied und in Kürze von Schwärze überzogen wurde. Dass er, von der Statur her klein und in der Erscheinung kaum robust, am Leben blieb, grenzt wohl an ein Wunder.

1885 kehrte er trotz Angeboten seines Prinzipals in die Schweiz zurück, besuchte die treu besorgte Mutter und die Schwester und fuhr nach London, um sein Englisch zu verbessern. Da die Konjunktur dort schlecht war, suchte er vergeblich eine Stelle. Schliesslich gab er auf und reiste von neuem nach Marseille. Bald aber brach in der Pension, in der er logierte, der Typhus aus. Sieben Pensionäre und ein Essensgast wurden von der Seuche dahingerafft. Er selbst wurde mit hohem Fieber in einen Zug verbracht und erreichte lebend Aarau, seine Mutterstadt, wo er sich nur langsam von der schweren Schädigung erholte.

Mitte 1886 wurde er in der Buchhaltung der Zentralschweizerischen Lagerhäuser, deren Direktor unterschlagen hatte, mit einem Spezialmandat betraut. Diese Arbeit hatte er 1887 beendet, doch bat man ihn zu bleiben. Daneben aber standen drei andere Optionen offen. Die erste betraf die Aargauische Bank, die zweite einen Assoziationsvertrag mit seinem Vetter Robert Frey, der eine Fabrik zur Herstellung von Schokolade plante, und die dritte schliesslich bezog sich auf das ehemals väterliche Handelshaus, das jetzt sein Vormund Cramer-Frey in Compagnie betrieb. Der Entscheid fiel schwer, denn die Rücksicht auf die Mutter stand der Faszination des fernen Landes, wo der Vater begraben lag, im Wege. Dennoch entschloss sich Kummler nach Brasilien zu reisen.

Brasilien

Anfang 1888 schiffte er sich in Bordeaux auf dem Steamer «Equateur» nach Pernambuco ein, dem späteren Recife, wo sich jetzt das Geschäft befand, das sein Vater gegründet hatte. Das ferne Land übertraf, was er in seiner Phantasie und auf Grund der Erzählungen seiner Mutter erwartet hatte. Die Grosszügigkeit der Geschäftsführung, die Ritte zu den Kunden ins Innere des Landes, das voll in Entwicklung war, Brandrodungen und Plantagen, Wolle, Zuckerrohr, Tabak, Kaffee und Kautschukbäume, die Vielfalt der Bevölkerung, Weisse, Indios, Schwarze und Mulatten, der

Hermann Kummler in Pernambuco 1888

Reichtum an Pflanzen und an Tieren, der Urwald und am Meeresufer die Korallen faszinierten den jungen Mann. Er erlebte 1888 die Aufhebung der Sklaverei und im Jahr darauf die Revolution und die Abdankung des von ihm verehrten Kaisers Dom Pedro II., die dem Lande Stabilitätsverlust, Zerfall der Währung und Steuerlast bescherten.

Auch in Brasilien blieb der junge Mann vom Fieber nicht verschont und wurde auf Rat des Arztes in Rios Vorgebirge disloziert. Er sah sich die Hauptstadt an, fuhr mit der Zahnradbahn auf den Corcovado und streifte durch die Gärten von Petropolis, wo sich einst des Kaisers Residenz befunden hatte. In der Höhenluft scheinbar von der Krankheit rasch genesen, fuhr er mit einem deutschen Schiff zurück, das in Bahia hielt. Dort wurde ihm das Sitio gezeigt, in das seine Eltern nach der Heirat eingezogen waren. Für den Besuch des Grabes auf einer fernen Insel in Bahias Bucht, vor der Stadt Muritiba, war die Zeit zu kurz. Ins Geschäft zurückgekehrt, fand Kummler Pendenzen in grosser Menge vor, die in der Zwischenzeit nicht erledigt worden waren. Zudem waren Kunden im Inneren des Landes aufzusuchen. Ein ärztlicher Befund gab Anlass zur Besorgnis. Da drei Jahre vergangen waren und ihm ein Urlaub vertraglich zugesichert war, drängte sich eine Reise in die Heimat auf. So schiffte er sich im März des Jahres 1891 auf einem grossen Steamer namens «Uruguay» der Hamburg-Südamerikanischen Dampfschifffahrtsgesellschaft nach Europa ein. In Lissabon ging er an Land, reiste über Madrid und Barcelona nach Marseille, wo ihm von seinem ersten Prinzipal volle Partnerschaft angeboten wurde. Doch vorerst wollte er sich unbelastet von Entscheiden in den Schweizer Bergen ganz erholen.

In Aarau bot man ihm die Partnerschaft im brasilianischen Geschäfte an, das er ja eigentlich nur für einen Heimurlaub verlassen hatte. Die Ruhe in den Bergen gab ihm Zeit und Musse, sich mit seiner Zukunft zu befassen. Er hatte sich schon zuvor Gedanken über das Brasiliengeschäft gemacht, das in seinen Augen dringend einer Reorganisation bedurfte. Doch wollten ausgerechnet die jüngeren Partner von Neuerungen gar nichts wissen. Kummler gab der Firma langfristig keine Chance mehr und sollte mit seiner Einschätzung Recht behalten. Schliesslich riet der Arzt von einer Rückkehr in die Tropen ab. So entschied er sich, bald 28 Jahre alt, seine Zukunft in der Heimatstadt zu suchen. Er schlug die Angebote aus, so verlockend sie auch waren, und suchte in Aarau eine Stelle, die er bald bei den Lagerhäusern fand.

Bäurlin & Kummler

Neues, helles Licht für Aaraus Stuben

Am 1. März 1889 hatte Hermann Bäurlin von Brugg in Aarau «im Hammer» eine Werkstatt eingerichtet und empfahl sich für Anlagen in Elektrotechnik, Licht, Kraft und Galvanoplastik, namentlich auch für Bogenlampen nach patentiertem eigenem System. Er betrieb am Stadtbach ein unterschlächtiges Wasserrad. Ihm zur Seite stand Johann Ott von Biberstein. Bald schon wurde die Räumlichkeit zu klein, und Bäurlin erwarb von Brandolf Siebenmann Ende Februar des Jahres 1890 für 22 000 Franken ein Fabrikgebäude mit Nr. 212 «hinter dem Platz» in Aarau, mitsamt Turbine, Transmission und Gasanschluss. Dort entstanden nebst grossen Bogenlampen auch Rheostaten, und Bäurlin montierte Sonnerien sowie auch Telefone. Als er von Kummlers Entschluss erfuhr, in Aarau zu bleiben, anerbot er ihm die Partnerschaft, damit der Betrieb erweitert werden könne.

Noch waren die Stadtbewohner gegenüber dem Neuen skeptisch. Projekte, Aaraus Betriebe und die Stuben elektrisch zu beleuchten, kamen des-

Elektricitätswerk Aarau, Bäurlin & Kummler 1892: die beiden Prinzipale mit Melone, Bäurlin links und Kummler rechts

halb nicht vom Fleck. Zudem galt es vorerst, die erforderliche Wasserkraft zu finden. Kummler nahm in dieser Sache Kontakt mit seinem Freund Hans Fleiner auf, da er dessen Zementfabrikkanal erwerben wollte. Man war sich im Prinzip einig. Doch blieb die Frage offen, wie die Finanzen zu beschaffen seien, die für die Instandstellung des Wasserlaufs, des Wehrs und die Erstellung einer Kraftanlage nötig waren. Financiers und Banken gaben sich zugeknöpft, denn sie sahen weder Absatz noch Rendite. So prüfte Kummler die Errichtung einer Versuchsanlage, die später erweitert werden konnte, mit Bäurlins Wasserrad am Färbergässchen, Drechslermeister Hubers Wasserkraft am Ziegelrain und einer «kalorischen Reservestation mit Akkumulatorenbatterie» für den Nachtbetrieb. Da dies machbar war, verliess Kummler nach kurzer Zeit schon seine neue Stelle bei den Lagerhäusern und trat 1892 in Bäurlins Firma ein, die sich künftig «Elektricitätswerk Aarau, Bäurlin & Kummler» nannte. Die Bilanz der Firma belief sich damals auf 39 000 Franken.

Als Erstes verfasste der neue Associé den Bericht, den Bäurlin dem Stadtrat schuldig war, der ihn 1891 nach Frankfurt an die Internationale Elektrotechnische Ausstellung beordert hatte, mit dem Auftrag abzuklären, wie für «hiesige Verhältnisse» eine elektrische Licht- und Kraftstation einzurichten und welches System zu wählen wäre. Der Bericht bezog sich auf 840 Lampen à 16 Kerzen und 4 Bogenlampen für die grossen Plätze in der Stadt. Die Sache kam in Fluss. Dem Stadtrat lagen drei Projekte für ein Kraftwerk vor, das den Strom zu produzieren hatte. Davon wählte er die billigste Variante: Nutzung der Wasserkraft am Stadtbach bei der oberen Mühle. Das Gewerbe protestierte. Das Bedürfnis und die Ehre dieser Stadt rufe und fordere eine den hiesigen Verhältnissen voll und ganz angepasste Licht- und Kraftanlage, wurde eingewendet. So wurde in der Gemeindeversammlung das behördliche Projekt bachab geschickt und der Rat beauftragt, in Zürich von Professor Denzler ein Gutachten über die Projekte einzuholen. Dennoch kam eine Einigung nicht zu Stande.

Am 28. April 1892 erhielt die Firma Bäurlin & Kummler im Sinne eines Versuchsbetriebes die Konzession, «die in ihrem Etablissement zur Zeit

Erstes Aarauer Licht- und Kraftnetz von Bäurlin & Kummler: Abonnementszahlungen (handschriftliche Einträge Kummlers)

vorhandene Kraft von 12 HP in Form von elektrischem Licht an Private abzugeben und zu diesem Zweck elektrische Leitungen über öffentliches Eigentum zu führen». HP, Horse Power, war damals gebräuchliche Leistungseinheit und entsprach 1,014 PS. Die Konzession wurde als jederzeit widerrufliche bezeichnet und gegen allfällige Einsprachen, namentlich vonseiten der Gesellschaft, die die Gasbeleuchtung in der Stadt betrieb, keinerlei Gewähr geboten. Auch sonst wurden in wenig edler Weise alle Risiken auf den privaten Unternehmer abgeschoben. Der Anwalt, den man konsultierte, verwies auf Treu und Glauben, an den sich auch die Stadt zu halten haben würde, und die Stadt schwächte den harten Wortlaut etwas ab, setzte aber eine Frist von nur vier Tagen, um sich zu entscheiden. So liess sich das junge Unternehmen auf das Abenteuer ein und hatte zunächst Erfolg: Fast für jedes Haus an der Pelzgasse, der Laurenzentorstrasse und der Allee am Graben wurde elektrische Energie und Einrichtung bestellt. Dazu kamen die Banken für ihre grossen Häuser, die Aargauische Creditanstalt und die Aargauische Bank. Am 1. Oktober 1892 waren die Leitungen schon erstellt und bald wurden die ersten Räume der kleinen Stadt zum Entzücken des Publikums und der Genugtuung der Ersteller vom sauberen, bezaubernd schönen Licht erhellt. Am 5. August 1892 war auch Brugg gefolgt und hatte Bäurlin & Kummler zur Installation des neuen Lichts konzessioniert.

Doch noch bevor der Versuchsbetrieb begann, hatte Aarau seine Projekte für das Kraftwerk wieder aufgenommen und zu Offerten aufgefordert. Bäurlin & Kummler reichten in Gemeinschaft mit der Firma BBC, Brown, Boveri & Cie., in Baden, die kurz zuvor, 1891, gegründet worden war, ihre Bewerbung ein. Die Experten, die die Stadt berieten, waren aber ganz auf Zürich ausgerichtet und, da damals der Versuchsbetrieb noch nicht vollendet war, wurde Zürichs Telephongesellschaft, die zudem unterboten hatte, dem lokalen Neuling vorgezogen. Die Zürcher Firma kam jedoch zu Schaden, da sie schlecht gerechnet hatte, und schied bald aus dem Kreis der Konkurrenten in ihrer Branche aus. Bäurlin & Kummler aber wurden über den Versuchsbetrieb hinaus für die Installationen in den Häusern konzessioniert und nahmen nun in breiterem Rahmen die Abonnentenwerbung auf. Es folgten die Militäranstalten, die in dieser Stadt von besonderer Bedeutung waren: die Kasernen, Zeughäuser, Reitbahnen, Stallungen und Kantinen, und schliesslich noch die Post. Auch bei den Privaten setzte sich das Neue durch. Da das Geschäft nun voll florierte und sich das Fabrikationslokal mit dem Maschinenhaus, in dem der Boden von den Petroleummotoren zitterte und sich penetranter Ölgeruch verbreitete, für den Besuch der Kunden nicht mehr eignete, wurde im Hause Hunziker-Thommen an Aaraus Graben ein Verkaufs- und Ausstellungslokal gemietet.

Als Kummler am 1. Januar 1894 um 6 Uhr früh im Maschinenhaus erschien, stand unter der Schalttafel ein Haufen Putzmaterial in hellen Flammen. Der Maschinist war neben den auf vollen Touren laufenden Nachtbetriebsmotoren in tiefen Schlaf versunken. Mit Sand, der für einen nahen Bau neben dem Gebäude lagerte, und Wasser aus dem Bach wurde das Feuer unter Assistenz von zwei Bäckerjungen aus der Backstube gegenüber bald erstickt, sodass die Stromversorgung des Versuchsbetriebes nicht zum Erliegen kam.

In der Branche ging es vorerst noch auf und ab. Das Elektrizitätswerk

Thun AG, ein Fabrikations- und Installationsgeschäft, wollte liquidieren. Bäurlin & Kummler prüften die Möglichkeit, mit dem Hauptteil des Unternehmens nach Thun zu übersiedeln, um sich verstärkt im Hotelbau zu engagieren. Dazu hätte sich die Fabrik der Liquidationsfirma recht gut geeignet. Gegen diese Pläne zur Dislokation regte sich aber Widerstand von Kunden, die nicht unbedeutend waren. So liess man den Gedanken fallen, übernahm aber den Hauptanteil des Inventars sowie die Kunden.

Elektrizitätswerk Olten-Aarburg: Kraftwerk Ruppoldingen

Im Februar 1894 unterbreitete man Kummler das Projekt für ein Aare-Flusskraftwerk in Ruppoldingen bei Aarburg mit dem Angebot, sich daran zu beteiligen und die Initianten zu beraten. Als Gegendienst würden seiner Firma Leitungsbau und Installationen überlassen. Ihm war klar, dass man vor allem sein Akquisitionsgeschick im Auge hatte. Da ihn die Sache faszinierte, nahm er umgehend Sondierungen an die Hand. Er fand erneut bestätigt, dass das Bedürfnis nach Energie gewachsen war, doch fehlte nach wie vor die Einsicht im Finanzbereich. Die Banken wollten sich noch immer nicht engagieren. So trat Kummler mit dem Vertreter deutscher Firmen (Lahmeyer in Frankfurt und Siemens in Berlin), der in Solothurn ansässig war, in Kontakt. Doch waren beide Unternehmen schon in Wynau engagiert und wollten vorerst dort ihre Erfahrungen sammeln. So bat er um eine Audienz bei Oberst Huber von der Maschinenfabrik Oerlikon und meldete sich dort zur festgesetzten Zeit. Nachdem man ihn weit über eine Stunde hatte warten lassen, ging er weg und rief BBC in Baden an, wo ihn Walter Boveri sogleich empfangen wollte. Boveri, sobald er hörte, was der Grund des Besuches sei, rief Charles Brown. Die beiden Partner versprachen umgehenden Bericht, zögerten nicht lange, ihr Interesse für den Bau des Kraftwerks und die Finanzierung anzumelden, und gingen ihrerseits auf die Bedingung ein, Kummler den Leitungsbau und die Installationen zuzuschlagen. Als Grundlage diente ein graphisches Tableau, das Professor Conradin Zschokke über die Wassermengen der Aare bei Ruppoldingen gezeichnet hatte, mit einer Kurve der vorhandenen Kraft bei jedem Wasserstande. Projektiert war ein Kanal von 600 Metern Länge für 2600 bis 3500 HP zu Erstellungskosten von 1 500 000 Franken, die sich dann allerdings um eine Million erhöhten.

Die Sache kam zu Stande und Kummler zeichnete vom Kapital, das auf 500 000 Franken beziffert worden war, einen Zehntel. Dazu übernahm er 101 HP Strom zum Vorzugspreis von 135 Franken pro HP und Jahr. Dafür erhielt er auf zehn Jahre das Monopol zum Leitungsbau und für die Installationen ausserhalb des Werks. Damit war für Arbeit in der Firma vorgesorgt. Zur Enttäuschung Kummlers wurden er und der Vertreter der Firma Fischer & Schmutziger, die für den Hochbau vorgesehen war, auf Druck der Banken, Scharff in Frankfurt und Sax in Zürich, nicht in den Verwaltungsrat gewählt, obwohl ihr Einsitz von den Initianten zugesichert worden war.

Von den Initianten angestrebt wurde ein Primärverteilungsnetz zur Lieferung an Gemeinden und Private mit Zuleitung an einen bestimmten Ort. Das Sekundärnetz wäre Sache der so Belieferten gewesen. Diese Lösung kam aber nur mit Schönenwerd zu Stande, wo auf Betreiben Kummlers eine Genossenschaft gegründet wurde, der die Industriebetriebe angehörten, vorab die Schuhfabrik der Herren Bally und die Tricotfabrik von Siebenmann und Brun. Die 101 HP, die Kummler übernommen hatte, gab er zu dem ihm gewährten Vorzugspreis an Schönenwerder Interessenten weiter und erhielt dafür das Monopol für den Leitungsbau und die Installationen auf dem Gebiete der Gemeinde.

Der Personalbestand musste in der Folge stark vergrössert werden. In den Jahren 1895/96 waren 600 Mitarbeiter ausser Hauses tätig. Fachkräfte waren in der neuen Branche kaum zu finden. So wurden Arbeitsgruppen aufgestellt, die unter der Leitung altbewährter Monteure standen. In Olten richtete man eine Filiale ein und in Aarburg wie auch in Zofingen wurden Baubüros erstellt.

Auch die Stadt Aarau war von Kummler in die Stromofferten einbezogen worden. Doch vermerkte er in seinem Bericht recht trocken, dass man ihn einer Antwort auf sein Schreiben nicht für würdig gehalten habe.

Dafür kam er mit Lenzburg ins Geschäft, wo er Ruppoldinger Strom angeboten und ein Projekt zum Ausbau bestehender Wasserkraftanlagen an der Aa, der Siegesmühle und der Walke, unterbreitet hatte, alles zum Missvergnügen der lokalen Gasgesellschaft. Zahlreiche Zuhörer folgten Kummlers Einladung zu einer Präsentation des neuen Lichts, die das Interesse der Bürgerschaft an den Projekten wecken sollte.

Der Widerstand der petrol- und gasorientierten Kreise nahm in der Folge üble Formen an: Sicherungsdefekte, auch selbstverschuldete, wurden aufgebauscht und als Brandursachen Kurzschlüsse angegeben, wo noch gar kein Elektrisch vorhanden war.

Deutsche Kraft am Rhein

Am gleichen Tage und zur selben Stunde, als die Gründung der Gesellschaft für das Ruppoldinger Werk erfolgte, am 31. Oktober 1894, wurde in Rheinfelden unter dem Vorsitz von Nationalrat Oberst Zschokke die Trägerschaft für ein Kraftwerk am Rhein konstituiert. Beteiligt waren die Firmen Zschokke, Oerlikon und Escher-Wyss. Da – wie bereits erwähnt – die Schweizer Banken mutlos waren, finanzierten schliesslich deutsche Banken das Projekt und brachten die Allgemeine Elektrizitäts-Gesellschaft (AEG) in das Unternehmen ein. So entstand das Werk auf badischem Boden auf der rechten Seite des Rheins. Damit hatten sich Carl Fürstenberg von der Berliner Handelsgesellschaft und Emil Rathenau von der AEG dank ihrer Weitsicht die Vormachtstellung bei diesem Bau gesichert.

Sprecher & Schuh

Die rasche technische Entwicklung ging an Bäurlin vorbei, der sich an seine Bogenlampen, Volt- und Amperemeter hielt, wobei die Produkte noch immer an Entwicklungskrankheiten litten. Als Bäurlin diesen Zweig noch vergrössern und Kummler die Beschaffung der Finanzen überbürden wollte, drängte dieser auf die Trennung, die im August des Jahres 1894 vollzogen wurde. Kummler übernahm die Firma, überliess Bäurlin das, womit dieser einst begonnen hatte, und trat fortan als H. Kummler & Co., Aarau, auf. Bäurlin übersiedelte nach Aarburg, kam aber auch dort nicht vom Fleck. Nach und nach wurden andere Leute beigezogen, so ein Kaufmann namens Fretz, der einen Carl Sprecher als Techniker engagierte. Der Betrieb kam zurück nach Aarau und wurde in Sprecher, Fretz & Co. umbenannt. Da das Geschäft unter der neuen Leitung erfolgreich war, wurde für die Technik zusätzlich ein Ingenieur namens Schuh eingestellt. Fretz zog sich schliesslich auch zurück, worauf der Name des Unternehmens in Sprecher & Schuh geändert wurde.

Aaraus Undank

Schon im Mai 1894 hatte die Stadt Aarau mitgeteilt, dass im Herbst des Jahres ihre eigene Kraftstation mit dem Betrieb beginne und dass sie, gestützt auf die ominöse Klausel, die Konzession sofort widerrufe und die erstellten Leitungen zu demontieren seien. Von diesem Beschluss waren auch die Strombezüger betroffen, da sie auf eigene Kosten das bestehende System von Zwei- auf Dreileiter umzubauen hatten. Das private Unternehmen, das mit dem Versuchssystem pionierhaft vorangegangen war, rechnete den Stadtbehörden vor, was es verliere, wenn die Konzession nach nur zwei Jahren schon widerrufen werde. Auf Veranlassung der Abonnenten, unter denen auch die Banken vertreten waren, wurde zu einer Konferenz ins Hotel Gerber eingeladen. Das Resultat war dürftig und Kummler wurde auf den Gang zum Richter oder ein Bittgesuch an den Gemeinderat verwiesen. Der Prozessweg war angesichts des klaren Wortlauts des Vertrages viel zu ungewiss und hätte das Verhältnis zur Behörde schwerer Spannung ausgesetzt. Der Bittgang schliesslich schien Kummler unter jeder Würde. So verzichtete er auf das eine wie das andere. Treu und Glauben blieben auf der Strecke.

Sonnerien, Telefone und neue Apparate

Kummlers Firma hatte über die Thuner Akquisition in der Hotelbranche Fuss gefasst, produzierte und installierte mit Erfolg Sonnerien und Telefonanlagen. Die Konkurrenz verlegte sich mehr und mehr auf Licht und Kraft und gab den Schwachstrom frei, sodass sich dort gute Chancen zeigten, wenn genügend Innovationstalent vorhanden war. Linienwahl- und Kontrollanlagen im Telefon- und Sonneriebereich gehörten fortan zu Kummlers Spezialitäten. Daneben wurden Heiz- und Kochanlagen ausprobiert. Mit destilliertem, durch Schwefelsäure angereichertem Wasser wurden Akkumulatorengläser angefüllt, in die man dicke Kohlenstäbe auf Messingstreifen schob und so mit Strom, der überschüssig war, die eigenen Büros erwärmte. Da aber dem Wasser Blasen mit Schwefelsäuredunst entstiegen, suchte man nach anderen Systemen. Man verlegte Drahtspiralen in gelochte Eisenblechgehäuse und brachte sie zum Glühen. Solche Heizgeräte wurden 1898 auch in Lausannes «Tramway» installiert. Daneben wurden Kochtöpfe, Bügeleisen, Wärmeplatten, Fuss- und Tellerwärmer in Serien hergestellt. Da sich die Kochplatten sehr bewährten, wurde hierfür Patentschutz anbegehrt. Man legte grossen Wert auf Qualität, was zu hohen Preisen führte. Als nach 1896 das Platin im Werte stieg, mussten jene Fabrikate, die mit Platindraht ausgestattet waren, aus dem Sortiment genommen werden. Da die Beleuchtungskörper neben technischen Aspekten auch künstlerischer Ausführung bedurften und die Konkurrenz vom Ausland her sehr namhaft war, wurde die Herstellung der Lampen eingestellt.

Aufschwung zu den Grossen

Fabrikgebäude Kummler & Matter in der Bleichematt, Aarau

Fabrikneubau – Kontakte mit AEG und Schuckert

Leitungs- und Apparatebau florierten. Kummler nahm zwei Verwandte in die Firma auf, von denen sich einer als Kommanditär auch finanziell engagierte. Da der Raumbedarf enorm gestiegen und in Miete nichts Passendes zu haben war, wurde in der Bleichematt, wo vorher eine Färberei gestanden hatte, für 20 Rappen je Quadratmeter ein grosses Areal gekauft und dort eine Werkstatt mit Magazingebäude aufgestellt. Dazu kamen Stallungen, da ein eigener Fuhrbetrieb zur Spedition der Waren nötig wurde. Die alte Werkstatt am Färbergässchen konnte veräussert werden.

An Ferien war nicht zu denken. Zudem war Neues zu entdecken. Mit Alfred Oehler, der in Aarau eine Giesserei betrieb, und Robert Frey reiste Kummler 1896 nach Berlin, wo eine grosse Gewerbeschau im Gange war. Er wurde von Emil Rathenau und dessen Sohn, Dr. Walther Rathenau, besonders aufmerksam empfangen und ausgedehnt durch den Betrieb der 1883 gegründeten Allgemeinen Elektrizitäts-Gesellschaft geführt. Die Rückfahrt ging über Nürnberg, wo der Firma Schuckert, die 1895 für die elektrische Strassenbahn von St. Moritz Wagen gebaut hatte, ein Besuch abgestattet wurde.

Familiengründung

Immerhin fand der Unermüdliche im Jahre 1897 Zeit, sich mit einer Tochter aus dem Hause Sauerländer zu verbinden, die ihm in der Folge drei Kinder schenkte, zwei Töchter und einen Sohn. Das Ehepaar bewohnte vorerst das Haus, das Kummler an der Herzogstrasse 27 für seine Mutter und sich selbst erbaut hatte. Später erwarb er die Villa, die 1875 von seinem Onkel Frey-Bolley errichtet worden war, heute Parkweg 9. Da sich der Erbauer ebenfalls geschäftlich in Brasilien aufgehalten hatte, trägt das Haus den Namen der Stadt Olinda. Das Gut stand zum Verkauf, als die Witwe des Erbauers nach der Heirat mit dem Dirigenten F. Hegar nach Zürich zog. Im grossen Park entlang der Herzogstrasse, wo heute der Parkweg liegt, mit exotischer Vegetation, mit Grotten, Teichen, Wasserspielen, Tieren und eigener Landwirtschaft fand der Naturbegeisterte das Ambiente, das ihm erlaubte, sich von der Arbeit, die ihn so sehr forderte, zu erholen.

rem Unterton von einer Anzahl junger Advokaten, die im Grossen Rat auf Kosten privater Initiative Popularität erhaschen wollten.

Kummlers Wohnsitz Villa Olinda, 1875 erbaut, heute Parkweg 9, in Aarau

Konzession für Schinznach

Die Expansion der Firma legte nahe, sich für Kraftwerkbauten einzusetzen, um damit Rechte für Leitungsbau und Installationen zu erwerben. So plante Kummler im Raume Rupperswil-Wildegg eine Stauanlage und reichte mit Baumeister Staehelin von Basel für das Projekt, das unter dem Namen Schinznach lief, ein Konzessionsgesuch für den Stau des Wasserlaufs von Wildegg bis Brugg bei der Regierung des Kantons Aargau ein. Bad Schinznach aber drohte, das Unternehmen für einen Schaden in Millionenhöhe zu belangen, falls die Schwefelquelle nicht mehr fliessen sollte. Da eine Einigung nicht zu erreichen war, wurde das Projekt begraben, wie auch ein anderes, das Gnadenthal in Nesselnbach-Niederwil betraf. Je mehr das Interesse an der weissen Kohle stieg, desto stärker wurde der Ruf nach Kommunalisierung. Den Privaten legte man lauter Steine in den Weg, bis ihnen die Lust am Projekt verging. Kummler schrieb mit bitte-

Acetylen- und Gasglühlicht als Konkurrenz

1897 trug die Erfindung des Acetylen- und die Propagierung des Gasglühlichtes Unruhe in den Energiesektor. Propheten dieser Neuerung sagten der elektrischen Beleuchtung den baldigen Tod voraus. Wasserkraftprojekte wurden, auch wenn sie baureif waren, aufgegeben. Doch kam der Rückschlag rascher als erwartet. Zu spät erkannten jene, die der Lobpreisung der Neuerung allzu schnell gefolgt waren, dass Acetylen nach Knoblauch stank, was in Hotels und Pensionen zu einem Gästerückgang führte. Die Verärgerung über die Acetylen- und Gasvertreter war enorm. In Kummlers Firma war der Ausfall auf dem Gebiete der Beleuchtung durch den Aufschwung im Heizsektor und beim Schwachstrom ausgeglichen. Namentlich in der Fremdenindustrie, im Berner Oberland, in der Innerschweiz und in Graubünden, war der Bedarf im Steigen. Auch in den Sanatorien von Davos hielt die Elektroheizung in grossem Stile Einzug. Dort hatte Hofrat Dr. Turban für sein Etablissement Öfen dieser Art bestellt, sich aber bald beschwert, da sie den Erwartungen nicht entsprächen. Kummler begab sich an Ort und Stelle und fand bei grösster Winterkälte alle Fenster und auch alle Türen offen, da Turban eine neue Frischluft-Heilmethode probte. Kummler rechnete Turban vor, was das Heizen auf diesen Fall bezogen kosten würde. Man einigte sich auf offene Fenster, jedoch mit geschlossenen Türen, und Kummler nahm eine grosse Order für weitere Öfen mit nach Hause.

Besonders der Wintersport in den Berggebieten zwang die Hotels, sich mit Elektroheizung auf Wintergäste einzustellen. Die Bergsaison im Winter hatte den Fremdenzentren an der Riviera auf italienischem und französischem Gebiet die Stammkundschaft entzogen. Kummlers Firma war dort in der Schwachstrominstallation recht gut vertreten und unterhielt in Nizza eine Filiale mit Büros und Magazinen. Als sich die Hotels jener Region angesichts der alpinen Konkurrenz gezwungen sahen, elektrische Beleuchtung und Lifts mit elektrischen Motoren einzurichten, blühten auch dort Absatz und Installationen.

1899 erwarb Kummler in Luzern das Geschäft, das Fritz Schlicker mit Erfolg betrieben hatte, von dem er sich aber zu entlasten wünschte. 1901 folgte ein Zweiggeschäft in Zürich, verbunden mit einer Konzession für Installationen.

Die Verwandten, die Kummler ins Geschäft genommen hatte, liessen sich nicht für Auslandreisen engagieren und die eingestellten Ingenieure brachten nicht, was von ihnen erwartet worden war. So blieb er dauernd überlastet.

AEG, Voigt & Haeffner und C. F. Benz

Im September 1899 reiste Kummler im Auftrag von Schweizer Installateuren nach Berlin, wo eine Sitzung zur Vereinheitlichung von Normen, speziell für Sicherungen, einberufen worden war. Ihm schloss sich wieder Alfred Oehler an, da zur gleichen Zeit eine Automobilausstellung in der deutschen Hauptstadt technisch interessierte Besucher lockte. In Berlin

200-km-Rekord des Triebwagens von Siemens & Halske mit 4 Motoren für 10 000 Volt Drehstrom auf der Versuchsstrecke Marienfelde–Zossen (Siemens Pressebild)

traf Kummler wieder Emil Rathenau. Resultat der Sitzung war, dass für Deutschland, Österreich und die Schweiz die Lamellensicherungen, die eine Überbrückung mit Draht und Staniolpapier gestatteten, abgeschafft und nur drei Typen zugelassen wurden, Schraubstöpsel für AEG und Voigt & Haeffner, Stöpseleinlagen für Siemens-Berlin und Zweistiftstöpsel für Gardy-Genf. Anschliessend wurde in Marienfelde bei Berlin die Motorfahrzeug- & Motorenfabrik Berlin AG besucht, wobei sich die Besucher speziell für ein Elektromobil interessierten. Der Aufenthalt gab Gelegenheit, den Versuchen mit der elektrischen Schnellbahn Marienfelde–Zossen beizuwohnen, mit der man die utopische Geschwindigkeit von 200 Kilometern pro Stunde erreichen wollte. Auf der Rückfahrt folgte Kummler einer Einladung Haeffners zur Besichtigung des Werks von Voigt & Haeffner in Bockenheim. In Mannheim schliesslich führte ihn Carl Friedrich Benz, der seine Firma 1883 gegründet hatte, durch die Produktionsanlagen seiner Wagen zur Beförderung von Personen und von Gütern und unternahm mit seinem Gast Probefahrten mit verschiedenen Modellen.

Schweizerische Automobil-Gesellschaft Aarau

Im Dezember des Jahres 1899 wurde in Aarau im Hotel Gerber die Initiative zur Einführung von Motorwagen in der Schweiz ergriffen. Initiant war Major O. Amsler, Prokurist bei Rüetschi, wo Glocken und Geschütze gegossen wurden. Mit einem Kapital von 100 000 Franken wurde am 3. Januar 1900 unter dem Namen «Schweizerische Automobil-Gesellschaft Aarau» ein Unternehmen zur Produktion, zur Übernahme von Vertretungen und dem Betriebe der Motorkutscherei gegründet. Major Amsler übernahm das Präsidium. Oberst Sauerländer amtete als Vizepräsident. Dem Verwaltungsrate gehörten auch Alfred Oehler, Kummlers Schwager Emil Wassmer, H. Rüetschi und Kummler an, dem auch die Direktion überbunden wurde. Als technischer Leiter wurde ein «Erfinder und Konstrukteur» namens Hoffmann ausersehen, der Pläne für einen eigenen Motor entworfen hatte. Nach Gründung der Gesellschaft nahm man in Kummlers Werkstatt die Produktion von zwei Wagen System Hoffmann an die Hand und bestellte einen Elektro-Hotelwagen und einen Dreiradwagen De Dion-Bouton. Die Motorfahrzeug- und Motorenfabrik Berlin AG betraute die Gesellschaft mit der Generalvertretung für die Schweiz, nachdem man mit Benz wegen dessen Forderung auf Exklusivität nicht zum Abschluss gekommen war. Die Eidgenössische Oberpostdirektion erklärte sich bereit, dem neuen Unternehmen probeweise den Betrieb einer Postautolinie zu übertragen. Für die dazu bestimmte Strecke Aarau-Menziken war zunächst der bereits bestellte Elektro-Hotelwagen vorgesehen. Da ein Reservewagen benötigt wurde, griff man auf eine Offerte der Motorwagengesellschaft München zurück und bestellte dort nach Besichtigung und Probefahrt durch Kummler einen benzinbetriebenen Occasionsbus Marke Daimler. Die Münchner Gesellschaft hatte ihren Omnibusbetrieb mangels Rendite und zufolge polizeilichen Verbotes (!) aufgegeben. Da in Aarau bereits die Ausführung der Schienenbahn ins Wynental näher rückte, wurde 1901 von der Aarauer Gesellschaft der Betrieb lediglich auf der Strecke Aarau-Suhr-Gränichen aufgenommen und dafür der Daimler-Wagen eingesetzt. Sauerländer lobte im Verwaltungsrat diese Initiative, da «dies eine der besten Reclamen sei, da trotz der schlechten Witterung nichts passiert sei». Die Verbindung Aarau-Suhr-Gränichen darf als die erste, regelmässig betriebene Automobillinie der Schweiz betrachtet werden und rechtfertigt die Berücksichtigung der Schweizerischen Automobil-Gesellschaft in der Verkehrsgeschichte unseres Landes.

Da Hoffmanns Wagen, deren Bau Glockengiesser Rüetschi so warm empfohlen hatte, nicht zum Fahren zu ermuntern waren, gab es Streit im Unternehmen und die Produktion von Wagen wurde aufgegeben. Da kaum Aussicht auf Erfolg im Bereiche der Herstellung bestand, die Generalvertretung mit nur zwei Verkäufen enttäuschte und die Lohnkutscherei mit 11 Wagen an Sonn- und Feiertagen wohl völlig ausgelastet, die Woche über aber hälftig unbeschäftigt war und zudem die Wagen häufig stecken blieben, wurden Mitte 1901 alle Aktivitäten eingestellt. Kummler und Emil Wassmer übernahmen die Gesellschaft mit den Schulden und allem, was an Wagen und Material vorhanden war. Schliesslich zahlte Kummler auch Emil Wassmer aus. Für Kummlers Unternehmen waren die Projekte im Bahnbereich von Interesse, die ihm übertragen wurden.

Voll bewährt hatte sich der Elektro-Omnibus, der an das Grand Hotel Reichenbach vermietet worden war. Doch war Ingenieur Flotron, Mitbeteiligter und Pächter der Drahtseilbahngesellschaft einschliesslich des Hotels und des gesamten Umschwungs mit den Wasserfällen, mit Zahlungen stets im Verzug. So begab sich Kummler persönlich an Ort und Stelle, um die Schulden einzutreiben. Flotron zog bei diesem Treffen einen Revolver aus der Tasche, legte ihn unsanft vor sich hin und erklärte, er sei illiquid. Der Zufall wollte es, dass sich auf den gleichen Abend der Hauptgeldgeber des Hotels, Franz-Josef Bucher-Durrer, der Hotel-König (nicht Josef Durrer, wie Kummler offensichtlich irrtümlich schrieb), angemeldet hatte und spät abends ebenfalls erschien. Nach langem Hin und Her einigten sich die beiden Gläubiger um ein Uhr in der Früh mit dem Schuldner auf Verpfändung seines Anteils. Da Bucher-Durrer gegenüber Kummler im Geheimen die Auszahlung seiner Forderung zugesichert hatte, ging Kummler auf den Handel ein, wurde Pfandgläubiger des Reichenbachkomplexes, aber noch gleichentags vom anderen Gläubiger ausbezahlt.

Der grosse, benzinbetriebene Omnibus von Daimler Cannstatt, mit dem die Linie nach Gränichen betrieben worden war, wurde von der Städtischen Strassenbahn Zürich aufgekauft und als Montagewagen eingesetzt. Die anderen Wagen mussten zu Schleuderpreisen weggegeben werden, um den Platz, den sie versperrten, freizugeben. So nahm ein Experiment sein Ende, von dem Kummler mit etwas Wehmut schreibt, die Initianten seien der Zeit um dreissig Jahre voraus gewesen. Der Fehlschlag bedeutete aber für Kummler nicht das Ende des Interesses am Automobil. 1906 wurde er erster aargauischer staatlicher Oberexperte «für die Prüfung von Automobilen und Motorvelos und deren Führens». Als solcher leitete er auch Ausbildungskurse für die Polizei zur Geschwindigkeitskontrolle, die wegen zunehmender «Raserei» notwendig geworden sei. Im Vordergrund stand später aber klar die Bahn. 1920 gab er wegen Arbeitsüberlastung die Funktion als Experte auf.

Trolleybusprojekt Weggis-Brunnen

Im Jahre 1900, kurz nach deren Gründung, war die Schweizerische Automobil-Gesellschaft Aarau von einem lokalen Konsortium beauftragt

Schweizerische Automobil-Gesellschaft Aarau, Versuchsbetrieb 1901 nach Suhr und Gränichen (Daimler Omnibus)

Der Daimler Omnibus nach der Übernahme durch die Stadt Zürich und dessen Umbau als Turmwagen für den Leitungsunterhalt der Städtischen Strassenbahn, 1905 bis 1915, Foto Peter Kamm, Zürich

Elsa Kummler-Sauerländer auf «Benz Patent Motorwagen Velociped Comfortable», 1898–1901 produziert

Hermann Kummler auf Benz mit geöffnetem Schutzdach

Ehepaar Kummler auf De Dion-Bouton

worden, eine «gleislose Tramverbindung» – wie Omnibuslinien damals hiessen – für die Strecke Weggis-Brunnen zu planen. Dieses Projekt gehörte zu den Aktiven, die Kummler im Auge hatte, als er sich für die Übernahme von Aktiven und Passiven der maroden Gesellschaft entschlossen hatte. Ende des 19. Jahrhunderts wurden vielerorts «Tramverbindungen» geplant, die ohne den aufwendigen und teuren Unterbau für Schienenbahnen zu erstellen waren. Dafür kamen Benzin-Omnibusse, batteriebetriebene Elektrobusse oder Elektrobusse mit Oberleitung in Frage. Siemens & Halske hatten schon 1882 Versuchsfahrten von «gleislosen Motorbahnen mit elektrischer Stromzuführung» durchgeführt. Dieses System sollte den Nachteil der beschränkten Reichweite der Batteriebusse und des erheblichen Gewichtes der mitzuführenden Akkumulatorenbatterien eliminieren. Kommerziell war diese Traktionsart aber erst um 1900 in Frankreich und Deutschland zur Anwendung gelangt.

Im Dezember 1900 war das französische System vorübergehend auch in der Schweiz auf einer kurzen Versuchsstrecke bei Villeneuve eingerichtet worden. Es war naheliegend, dass unter Kummlers Ägide für das Projekt am Vierwaldstättersee das Oberleitungssystem in Aussicht genommen wurde, das einen Leitungsbauauftrag einschloss. Erstaunlich ist, dass dies gleichzeitig mit den ersten im benachbarten Ausland erstellten Linien dieser Art geschah, und zwar nach dem in jenem Zeitpunkt bahnbrechenden «System Schiemann». Am 10. Juli 1901 wurde im Bielatal von Königstein an der Elbe nach Bad Königsbrunn die erste, nach Schiemann gebaute Anlage eröffnet. An Stelle eines nachgezogenen oder vorauseilenden, auf den beiden Kontaktdrähten laufenden Rollenwagens der ersten Stromabnehmergeneration für Strassenbahnen und gleisunabhängige Fahrzeuge wurden bei diesem auch heute gebräuchlichen System Stangen eingesetzt, die, vom Dach der Wagen aus, Rollen oder Schleifstücke an die Kontaktdrähte drücken. Schiemann hatte zusätzlich ein auf die Stangen aufgesetztes, drehbares Kontaktstück konzipiert, das ein seitliches Abweichen von der Regel-Fahrspur erlaubte.

Im April 1902 stellte ein Konsortium unter der Leitung von Kummler & Co. ein Konzessionsgesuch für die geplante Strecke, das von einem aus dem Jahre 1901 stammenden erläuternden Bericht begleitet war. Massiver Widerstand der Bevölkerung gegen «solch ein elektrisches Ungetüm» brachte das Projekt zu Fall. Da andere schweizerische Oberleitungsbus-Projekte erst ab 1906 nachgewiesen sind, darf das hier beschriebene als erstes schweizerisches konzessionsreifes Trolleybusprojekt betrachtet werden. Auffallend ist, dass der Trolleybus nach dieser Initialphase für längere Zeit wiederum aus der Verkehrsplanung verschwand, was auf den Strassenzustand jener Zeit zurückzuführen sein mag.

Expansion im Leitungsbau

Unterdessen hatte Kummlers Unternehmen auf Grund der eingeräumten Rechte von Ruppoldingen aus die erste grosse Hochspannungs-Verteilanlage installiert, nach Olten, Schönenwerd und Gösgen, nach Erlinsbach, Zofingen, Kölliken, Uerkheim über Safenwil und nach Rothrist, und in diesen Orten die sekundären Netze mit Transformatorenstationen eingerichtet. Das Hauptnetz hatte, alles eingerechnet, über 65 Kilometer Streckenlänge mit 335 Kilometer Kupferdrähten, die 85 Tonnen wogen. Das sekundäre Netz bestand aus 65 Kilometer Drähten oder 26 Tonnen,

Versuchsfahrten von Siemens & Halske 1882 für «gleislose Motorbahnen mit elektrischer Stromzuführung unter Fortlassung des Schienenweges» zur Kostensenkung (Max Schiemann: Die elektrischen Autbahnen - gleislose Motorbahnen mit elektrischer Stromzuführung, Oskar Leiner, Leipzig 1902). Nach Werner von Siemens «Electromote». (Bild: SiemensForum, München)

Trolleybusse um 1900, System Schiemann/Siemens & Halske mit Stangenkontakten. Bilder aus Max Schiemann, Nr. 14a und 15a

21 Transformatorenstationen und 44 Transformatoren von zusammen 632 Kilowatt. Der Kanal des Werkes wurde am 1. November 1896 dem Betriebe übergeben und am 15. jenes Monats floss der erste Strom nach Olten.

Im Jahre 1893 hatte Müller-Landsmann von Lotzwil eine Konzession zur Nutzung der Wasserkraft an der Stromschnelle der Aare bei Wynau für sich erworben und diese 1894 an Siemens & Halske abgetreten, die in zwei Jahren Bauzeit ein Werk erstellten, das Drehstrom zu 50 Perioden und 9000 Volt für die Fernleitungen produzierte. Kummlers Unternehmen baute auch für dieses Werk wesentliche Leitungen im Hochspannungs- und Sekundärbereich und installierte in den Häusern. Im Jahre 1901 drang die AEG in den Bau der sekundären Netze des Basellandes ein. Kummler trat mit den Stromverteilern jener Gegend in Kontakt und kam mit der Elektra Baselland in Liestal, die 1898 als Genossenschaft gegründet worden war, ins Geschäft, nicht jedoch mit der Elektra Sissach-Gelterkinden, die einen Exklusivvertrag gefordert hatte. Auch in dieser Gegend standen die Financiers der neuen Energie mit Skepsis gegenüber. Es war Sarasin in Basel-Stadt, der mit 200 000 Franken Obligationen zu $4\frac{1}{4}\%$ die Finanzierung sicherte. Das Kraftübertragungswerk in Rheinfelden lieferte den Strom, der um die Jahrhundertwende Schritt für Schritt in die von Kummler erstellten lokalen Netze floss. Schon im zweiten Jahre des Betriebs konnte der Verlust des ersten ausgeglichen und ein Gewinn ausgewiesen werden. Von der Konkurrenz, der AEG und der Elektra Sissach, hart bedrängt, war Kummler in dieser Zeit per Velo, zu Pferd und mit der Kutsche bei jeder Witterung unterwegs, um in den Gemeinden bei den Behörden und in der Öffentlichkeit für die Elektrizität zu werben und namentlich den Vorteil dieser Energie zum Betrieb der Posamenterstühle darzulegen. Da die Konkurrenz erlahmte, sicherte sich Kummler einen schönen Teil des Leitungsbaus in Hoch- und Niederspannung und der Installationen zwischen dem Jura und dem Rhein. Die Konkurrenzfirma Bolliger & Oberer in Basel teilte sogar schriftlich mit, dass sie Kummler die von ihm «monopolisierten» Gemeinden des Aargaus und im Baselland zur Gänze überlasse.

Ständerat Gustav Schneider schrieb in einem Geschäftsbericht der Elektra Reigoldswil aus diesen Jahren, nur zögernd hätten sich die Posamenter für den elektrischen Betrieb entschlossen. Doch hätten sich weder die Bedenken auf der einen noch das Übermass der Hoffnungen auf der anderen Seite materialisiert, denn finanziell sei sich alles gleich geblieben. Die Steigerung der Leistungsfähigkeit habe die höheren Kosten gerade ausgeglichen. Dafür habe sich die Arbeitszeit auf 15 Stunden senken lassen und der elektrische Betrieb habe namentlich den Frauen und den Kindern Erleichterung gebracht.

Für das Licht war der Preis pro Kilowatt bei der Elektra Baselland von anfänglich 50 auf 30 Winter- und 28 Rappen Sommerstrom gesunken.

1906 folgte ein Auftrag der AG Motor in Baden für eine Leitung im Hochspannungsbereich von Borgomanero nach Novara im Anschluss an die Forze Motrici dell'Anza. Bei diesem Auftrag musste das Augenmerk in besonderem Masse auf die Verhinderung des Diebstahls von Kupferdraht gerichtet werden, der dreist auch aus Magazinen und ab den Masten vorgenommen wurde. Mit durchgehendem Schichtbetrieb bei Mondschein- und künstlicher Beleuchtung wurde versucht, dem Übel beizukommen, was zugleich den Vorteil hatte, dass die Arbeit vorzeitig beendet werden konnte. Kummler hob in seinem Tätigkeitsbericht die Effizienz im Umgang mit den Exponenten von BBC und der AG Motor in besonderem Mass hervor. «Time is money» war schon damals als Maxime anerkannt.

Leitungsbau und Installationen wurden in grösserem Masse auch in Wohlen ausgeführt sowie in Madulain und in Samedan.

Im Jahre 1903 schied Kummlers Schwager, Emil Wassmer, als Kommanditär aus der Firma aus. Dafür wurde Paul Edwin Matter von Kölliken als voller Partner aufgenommen. Ihm wurde die kaufmännische Leitung des Geschäftes übertragen, damit sich Kummler auf das Technische konzentrieren konnte.

Entree in Graubünden

Auf dem Heimweg vom Engadin, wo Kummler auf Inspektionstour gewesen war, wurde er im Bahnhof Reichenau im Zuge von Bekannten angehalten und ersucht, die Fahrt zu unterbrechen, um sich als Experte zum Plan eines Kraftwerks bei Trin zu äussern. Kummlers Unternehmen wurde in der Folge mit dem elektrotechnischen und Rieter (Winterthur) mit dem hydraulischen Teil des Werks betraut. Als Generalunternehmer hatte Kummlers Firma auch die Generatoren, die Transformatoren und die Schaltanlagen zu besorgen. Daneben baute sie wie üblich die Hauptleitungen und die sekundären Netze der beteiligten Gemeinden, wobei für den gesamten Sekundärbereich eine neue Aktiengesellschaft, die Elektra Domleschg, gegründet wurde. Da BBC mit der Lieferung der Generatoren in Verzug geraten war und das Elektrizitätswerk Trin Verspätungsschaden geltend machte, stand Kummler als Generalunternehmer mitten im Konflikt, der aber schliesslich doch in Minne erledigt werden konnte. Nach dem grossen Brande in Bonaduz mussten die Leitungen an diesem Orte nochmals neu gezogen werden.

Kummler übernahm es, die Ausdehnung des Netzes in die Herrschaft bis nach Fläsch zu projektieren, und zwar kostenlos gegen Zusicherung des Zuschlags für den Bau zu gängigen Konditionen.

Das Triner Werk hatte als Experten Professor Gustav Weber, Direktor am Winterthurer Technikum, verpflichtet. Kummler lernte ihn als Menschen und Fachmann kennen. Beide harmonierten ausgezeichnet. Da Kummler, wie eingangs dargelegt, ein Studium versagt geblieben war und er demzufolge den enormen Aufschwung seiner Firma technisch im Selbststudium begleiten musste, ergab sich mit Weber, dem seinerseits die praktische Erfahrung fehlte, eine ideale Symbiose.

Preiskampf und Verbandsarbeit – SEV und VSEI

Zahlreich waren die Installationen, die Kummlers Unternehmen in grösseren Betrieben übertragen wurden, wie etwa im Stadttheater Zürich, dem heutigen Opernhaus, oder in Hotels, wie dem später abgebrannten Grand Hotel, dem Albana, dem Margna und dem Schweizerhof, alle in St. Moritz. 1905 wurde in Engelberg ein Installationsgeschäft erworben und damit der Markt in den Kantonen Nid- und Obwalden erschlossen.

Um die Jahrhundertwende hatte ein selbstzerstörerischer Preiskampf im Installationsgewerbe eingesetzt. Da sich der Schweizerische Elektrotechnische Verein (SEV) weigerte, von Zellweger (Uster), Egloff (Turgi) und Kummler geforderte Tarife festzusetzen, wurde 1906 von 36 Firmen der Verband schweizerischer Elektroinstallations-Firmen (VSEI) gegründet

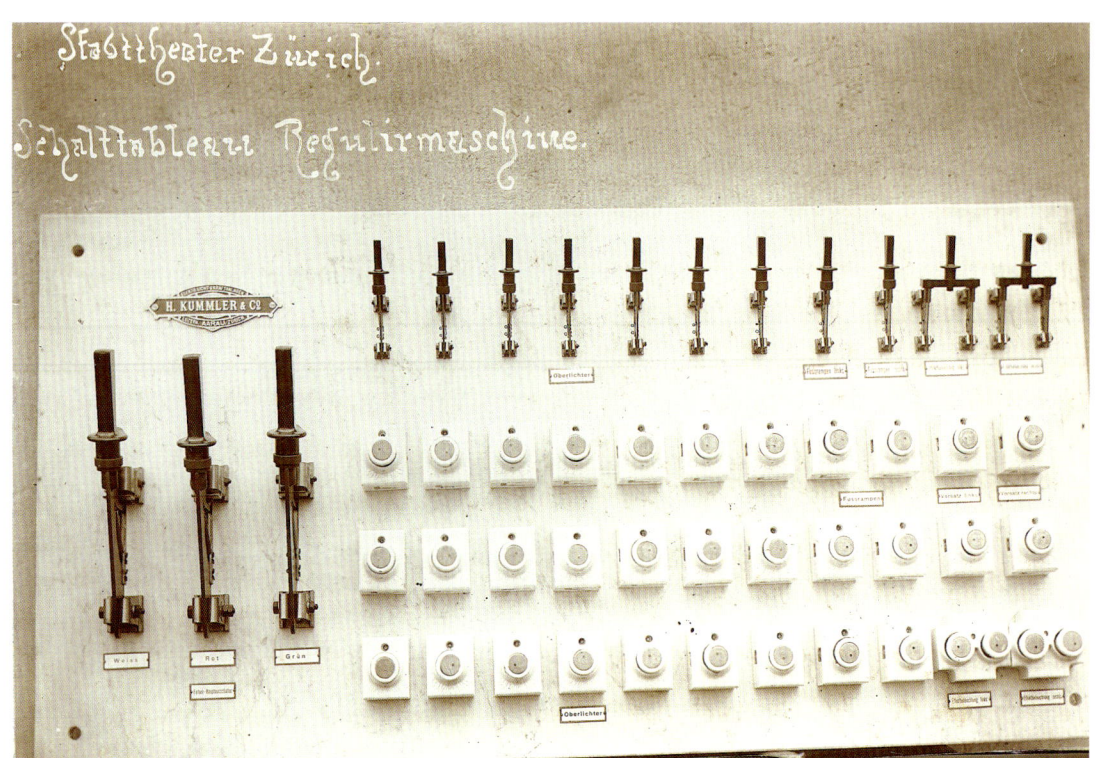

und Kummler zu dessen Präsident gewählt. Hauptziele des Verbandes waren die Erstellung eines einheitlichen Regulativs und eines Installationstarifs sowie die Festsetzung von Gebühren für die Ausarbeitung von Projekten und Kostenvoranschlägen. In der Folge wurde in Stuttgart auf Einladung des deutschen Verbandes der elektrotechnischen Installationsfirmen, namentlich der Württemberger Unternehmen, unter Kummlers Vorsitz die Koordination der Interessen als Arbeitgeber im arbeitsrechtlichen Bereich sowie jener als Unternehmer in Installationsvorschriftsbelangen an die Hand genommen.

Stadttheater Zürich (heutiges Opernhaus): elektrische Installationen durch Kummler & Co.

Mit dem Simplontunnel auf der Höhe

Start im Bahnbereich

Weitere Arbeitsteilung im Betrieb erwies sich jetzt als dringend. 1905 wurde Adolf Regenass als Leiter «Innere Installationen» eingestellt. Auf Wunsch aus Hotelkreisen, Kummlers Firma möge zur Vereinfachung des Verkehrs mit den Unternehmern aus dem Installationsbereich auch andere Sparten übernehmen, wurde die Fabrikation von Herden und von Apparaten, die Geschirr zu spülen in der Lage waren, aufgenommen und mit dieser Sparte ein Ingenieur namens Gruner aus Rastatt betraut.

1903 wurde Kummler im Anschluss an die Tätigkeit der liquidierten Automobilgesellschaft an einer in Liestal durchgeführten, von 1200 Personen besuchten Versammlung aufgefordert, ein Projekt für eine Omnibusverbindung Liestal–Reigoldswil zu unterbreiten, da das seit dreissig Jahren im Raume stehende Projekt einer Wasserfallenbahn noch immer nicht vom Flecke kam. Ein anderes Projekt betraf die Strecken Waldenburg–Langenbruck–Balsthal–Mümliswil und Sissach–Diegten–Eptingen, da auch dort vorgesehene Bahnen nicht zur Ausführung gekommen waren. Schliesslich wurde Kummler eingeladen, eine Linie Bremgarten–Wohlen–Meisterschwanden–Boniswil zu planen. Für diese Strecke wurde 1903 ein Bericht in Broschürenform erstattet und eine Konzession erteilt, die aber nie genutzt werden konnte. Die Linie war auch nur als Vorprojekt für eine Eisenbahn mit elektrischem Betrieb gedacht.

Mit der Erstellung des Kraftwerks Trin wurde eine Trambahn von Reichenau, Bonaduz, Rhäzüns über Tamins, Trin, Flims und Laax nach Ilanz erwogen. Kummlers Firma war aufgefordert worden, vorerst einen Plan für die Strecke von Reichenau nach Flims zu skizzieren. 1897 war in Graubünden ein Gesetz über die Beteiligung des Kantons am Ausbau eines Schmalspurnetzes in Kraft getreten, auf Grund dessen der Kanton zum Aktionär der Rhätischen Bahn geworden war. Die Absicht war, die Bahn nach Flims nach deren Bau in das Netz der kantonalen Bahn zu integrieren, um die Finanzierung zu erleichtern. 1908 wurde für die projektierte Trambahn eine Konzession erteilt. Noch bevor mit dem Bau begonnen worden war, vereitelte der Krieg die Ausführung der Strecke. Als die Wirtschaft nach dem Kriege wieder Fuss gefasst hatte und das Automobilverbot gefallen war, wurde die Autopost nach Flims geführt.

Der erste Leitungsbau im Bahnbereich, der Kummlers Unternehmen übergeben wurde, betraf die Langenthal-Jura-Bahn. Die Sache war Kummler 1905 angetragen worden, als er mit der Direktion der Wynauwerke in Langenthal Arbeiten inspizierte. Ausgangspunkt des Projektes war eine in Normalspur geplante Bahn von Langenthal nach Oensingen, die schon 1893 eine Konzession erhalten hatte. Das neue Projekt war auf Meterspur ausgelegt und wurde 1906 konzessioniert. Die Bahn war als Verbindung gedacht zwischen den SBB-Linien, die von Bern und Solothurn nach Olten führten, und sollte unter Gleichstrom mit einer Spannung von 1000

Volt verkehren. Doch noch bevor die Arbeiten für diese Sekundärbahn aufgenommen werden konnten, eröffneten sich andere Dimensionen.

Das grosse Wagnis Simplontunnel

Ende Dezember 1905 wurde Kummler von BBC zu einer vertraulichen Besprechung nach Baden eingeladen, wo man ihm eröffnete, dass das Badener Unternehmen mit der elektrischen Ausrüstung der ersten vor der Vollendung stehenden Röhre des Simplontunnels und der Bahnhöfe Brig und Iselle beauftragt werden solle. Da das Aarauer Unternehmen im Leitungsbau Erfahrung habe, sei man bereit, den Einzug der Fahrleitung Kummler in eigener Verantwortung zu übertragen. Erschwerend sei, dass man wegen grosser Bauverzögerung unter massivstem Termindruck stehe, andere Unternehmen der Grossbaustelle während der Arbeit den Tunnel durchfahren müssten und freie Bahn für den Einzug der Fahrleitung in die zuvor zu montierenden Halterungen nur für 36 Stunden zugesichert werden könne.

Im Februar 1905 war nach äusserst schwieriger Bauzeit der Durchschlag am Simplontunnel erfolgt, mit dessen Ausbruch im November 1898 begonnen worden war. Auftraggeber war ursprünglich die Jura-Simplon-Eisenbahngesellschaft, die noch während der Bauzeit von den Schweizerischen Bundesbahnen übernommen worden war. Mit der Ausführung war ein Konsortium unter der Hamburger Firma Brandt, Brandau & Cie. beauftragt worden. Ein elektrischer Betrieb in diesem mit 19 730 Metern damals längsten Bahntunnel war weder bei der Planung noch im Laufe des Ausbruchs ernsthaft vorgesehen, wenn auch diese Transaktionsart in den Verträgen und den begleitenden Dokumenten nebenbei als Eventualmöglichkeit aufgeführt worden war. Die Probleme, die aus der hohen Temperatur im Bergesinneren und aus Dampf- und Rauchentwicklung entstehen konnten, waren von den Projektverfassern wohl erkannt, aber als lösbar bezeichnet worden. Der Tunnel sollte eine zweigleisige Scheitelstrecke mit je einer nördlichen und einer südlichen abfallenden Rampe aufweisen, um den Wasserabfluss zu gewährleisten. Das musste einen Anstieg von Rauch, Dampf und Hitze in diesem Abschnitt zur Folge haben, dem man mit Ventilationsmassnahmen zu begegnen plante. Währenddem im Gotthardtunnel 30,8 Grad gemessen wurden, war die Temperatur im Simplontunnel auf 40 Grad geschätzt worden. Genaue Berechnungen des CO_2-Ausstosses je nach Zugsart und Betriebsintensität hatten einen Maximalwert von 8,41‰ ergeben, der als quantité négligeable bezeichnet worden war. Selbst der alarmierende Anstieg der Temperatur auf 53 Grad Celsius nach Kilometer 7 auf der Nordseite des Tunnels, der mit speziellen Wasserkühlmassnahmen hatte bekämpft werden müssen, hatte bezüglich der vorgesehenen Dampftraktion vordergründig nichts bewegt. Man scheute sich weiterhin vor einem Elektrifikationsexperiment.

Die Wende kam mit einer Offerte von BBC, die den SBB am 25. Oktober 1905 den Vorschlag unterbreiteten, die für einen elektrischen Betrieb notwendigen Einrichtungen auf eigene Kosten zu erstellen, ab 1. Mai 1906 auf eine zu bestimmende Zeitdauer und gegen eine festzulegende Entschädigung einen solchen Betrieb durchzuführen und die Anlage wieder abzubrechen, falls sich die SBB nicht zur endgültigen Einführung des elektrischen Betriebes entschliessen könnten. Gegen den Widerstand der Kreisdirektion I in Lausanne ging die Generaldirektion der SBB auf die Offerte ein, was insofern erstaunt, als – wie noch auszuführen sein wird – deren grundsätzliche Haltung der Elektrifikation gegenüber weiterhin von äusserster Skepsis gezeichnet war.

Zu jenem Zeitpunkt waren die ersten Vollbahnstrecken mit Drehstrom, Dreiphasen-Wechselstrom, betrieben worden, da der Gleichstrom wegen der niederen Spannungen wegfiel. Die Nachteile des Drehstrombetriebes, die hiefür notwendige doppelte Stromzuführung und die starren Geschwindigkeiten, hatten 1902 zur Aufnahme eines Versuchsbetriebes mit Einphasen-Wechselstrom durch die Maschinenfabrik Oerlikon auf der SBB-Strecke Seebach-Wettingen geführt, der 1905 noch im Gange war und erst 1909 abgeschlossen wurde. So kam für den Simplon nur das Dreiphasensystem in Frage.

Da es sich beim Simplon um eine neue internationale Verbindung von hoher Bedeutung, zudem um die damals längste Tunnelstrecke der Welt und ein höchst kostspieliges Unternehmen handelte, hatte das Wagnis der Elektrifikation einen ganz anderen Stellenwert als bei irgendeiner Nebenstrecke. Dazu kam, dass jede Vorbereitungszeit fehlte und die verbleibende Zeitspanne so kurz bemessen war, dass enormer Zeitdruck entstand. Man war gezwungen, auf vorhandene Einrichtungen und Maschinen zurückzugreifen, die in kurzer Zeit den Bedürfnissen des Simplon-Fahrbetriebes angepasst werden konnten. So wurden die in Brig und Iselle vom Tunnelbau bestehenden Kraftzentralen umgebaut. Was die Zugmaschinen anbelangte, gelang es BBC, von den Ferrovie dello Stato FS, der Nachfolgegesellschaft der Società Italiana per le Strade Ferrate Meridionali-Rete Adriatica, drei Elektroloks der Veltliner-Linie (Nr. 361-363) mietweise zu übernehmen und zu erwirken, dass die FS auf die Lieferung zweier bei BBC und SLM für diese Linie bestellter Loks (Nr. 364 und 365) verzichtete. Mit diesen Loks war auch das Stromsystem vorgegeben: 3000 bis 3300 Volt Fahrdrahtspannung bei 16, später $16^{2}/_{3}$ Perioden. Die für die Rete Adriatica bestimmten Walzenstromabnehmer wurden durch getrennte, nebeneinander liegende Schleifbügel von BBC ersetzt.

Erfolgreiche Elektrifikation

Konnten somit die notwendigen Einrichtungen von BBC in kurzer Zeit für die Stromerzeugung und für die Traktion beschafft werden, musste der Leitungsbau vollständig neu erstellt werden. Das war die Ausgangslage, in der sich Kummler befand, als man ihn nach Baden rief. Erfahrungen für den Leitungsbau auf einer längeren Tunnelstrecke bestanden keine, vor allem nicht unter den ihm gestellten Bedingungen. Man gab ihm drei Tage Zeit, sich zu entscheiden. Mit seinem Chefmonteur Johann Widmer entwarf er einen speziellen Plan für die schwierigste Phase, den Einzug der Kontaktleitungen, welcher der Besonderheit der gestellten Aufgabe Rechnung tragen sollte. Man erdachte sich in Eile einen Montagezug mit zwölf Gerüstewagen, die durch distanzierende Plattformwagen in Abständen von 25 Metern anzuordnen wären, was je einer Spannweite von einem Aufhängungspunkt zum anderen entsprach. Am Kopf des Zuges hinter der Lokomotive war der Kabelwagen eingeplant mit Rollen zu zwei Kilometern Kupferdraht. Mit acht Mann auf dem Kabelwagen, je zwei Mann auf den Gerüstewagen, dem Montagechef und seinem Stellvertreter, zusammen 34 Mann, sollten 12 mal 25 Meter Draht – 300 Meter – pro Arbeitsgang gezogen und verankert werden. Der Arbeitsgang war mit 20 Minuten veranschlagt worden, pro Kilometer ca. eine Stunde, bei 20 Kilometern Tunnellänge. Dazu kamen die gebogenen Eingangsbereiche des Tunnels und die Ausweichstrecke im Inneren desselben. An eine seriöse Planung zur Lösung aller anderen Probleme, der Materialbeschaffung, der Distanz von Aarau bis Brig – der Lötschberg bestand noch nicht – und der Transporte nach Iselle war innerhalb der gestellten Frist nicht zu denken. Kummler war sich wohl im Klaren, dass diese Pionierarbeit bei Gelingen seiner Firma im Fahrleitungsbereich zum Durchbruch verhelfen würde. So ging er denn ein Wagnis ein, das mit grossen Risiken behaftet war. Die definitive Übertragung der Arbeiten an Kummler & Co. erfolgte erst am 12. März 1906, mit schriftlicher Bestätigung am 13. und 16. März. Da der Fahrleitungseinzug am 30. und 31. März stattfand, erste Versuchsfahrten am 19. April bis Kilometer 7 auf der Nordhälfte des Tunnels durchgeführt wurden, die Eröffnungsfeierlichkeiten am 18. Mai und die Kollaudation am 23. Mai stattfanden, mussten die Arbeiten bereits vor der formellen Auftragserteilung begonnen haben.

Im Bahnhof Brig wurden gezogene Eisenrohre, sogenannte Gasrohre, als Trägerstützpunkte in Doppel-Hochböcken aufgestellt und auf der Aussenseite durch ein drittes Stützrohr verstärkt. Die Böcke waren über die ganze Breite der Geleise durch eine Distanzstange stabilisiert. Die Kontaktleitungen waren an einem darunter verlaufenden, isolierten Querseil aufgehängt. Die fragilen Stangen wurden – wie aus zeitgenössischen Quellen zu schliessen ist – aus Gründen der Ästhetik massiven Stützen vorgezogen. In Iselle kamen stabilere Gittermasten zur Verwendung, da dort zwischen den Geleisen kein Raum vorhanden war, um Stützen aufzustellen. Während im Aussenbereich dem Stromsystem entsprechend zwei Drähte für die beiden Phasen gezogen wurden, die je von einem Stromabnehmer bestrichen wurden, kamen im Tunnelbereich je Phase zwei Drähte zur Aufhängung. Angesichts der Länge des Tunnels sollten mit dieser doppelten Führung trotz Verzichts auf Zwischeneinspeisungen aus Transformatorenstationen Leistungsabfälle verhindert werden. Zudem bot die Doppelführung mehr Sicherheit bei einem Leitungsbruch. Die Kontaktdrähte wurden im Tunnelbereich über Tragelemente an Stahldrähten aufgehängt, die isoliert und sehnenförmig quer zum oberen Tunnelgewölbe gespannt verliefen. Der Einbau der Tragkonstruktion war dadurch erschwert, dass die hiefür notwendigen Gerüste bei jeder Durchfahrt von Bauzügen anderer Unternehmer ausserhalb des Zugsprofils zu verlegen und wieder aufzustellen waren.

Die Leitungsbauarbeiten von Kummler & Co. waren offensichtlich plangemäss verlaufen. Für den Einzug der Fahrleitung, für den 36 Stunden zugestanden worden waren, wurden nur 30 Stunden benötigt. Ganz allgemein wurde die Durchführung der Elektrifikation am Simplontunnel von den SBB und der Presse als vollauf befriedigend beurteilt und bei den Berichterstattungen über die Eröffnung des Tunnels in auffallender Weise als «gelungenes Experiment» in den Vordergrund gestellt. Probleme ergaben sich nach der Aufnahme des Betriebes namentlich aus Korrosionsschäden, die durch den weiteren Einsatz von Dampflokomotiven auf der Tunnelstrecke verursacht wurden. Das war insbesondere der nicht elektrifizierten Strecke Iselle-Domodossola zuzuschreiben, die nach Staatsvertrag von Brig her mit Dampflokomotiven wei-

Elektrifikation der Simplonstrecke zwischen Brig und Iselle: Fahrleitungsbau durch Kummler & Co. 1906

Kummler (rechts) vor der Simplonlok Nr. 364, welche noch die für das Veltliner-System bestimmten Walzen-Stromabnehmer trägt.

Gasrohrjoche als Träger

Aufstellen der Rohrmasten in Brig; Kummler (rechts) mit Pelzmütze und Mantel

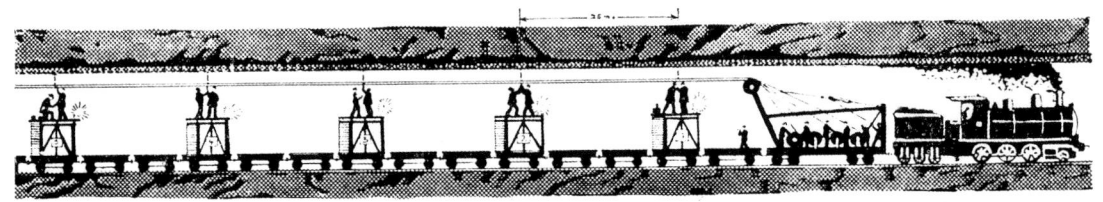

Montagezug für den Fahrleitungseinbau im Simplontunnel: oben Planskizze, links Ausführung

Bild links: Aufhängung der Kontaktdrähte im Tunnelinneren mit Doppelführung je Phase

Bild rechts: Station bei der Scheitelstrecke im Inneren des Tunnels

Simplonlok der Rete Adriatica-Serie 361-363 vor Montage der neuen BBC-Stromabnehmer in der Station Iselle di Trasquera, Kummler links oben auf der Brücke

Kummler vorne mit Stock bei der Besichtigung der Leitungen in der Station Iselle di Trasquera

Simplon-Nordportal mit Streckentrennung und Segeltuchvorhang zum Schutz vor Kaltlufteintritt

Leitungsbau Kummler & Co. im Bahnhof Brig

«Kummler & Matter» – Einstieg in den deutschen Leitungsbau

Im Februar 1909 wurde die Filiale in Luzern geschlossen und die Kundschaft Th. Frey & Cie. überlassen. Dafür war in St. Moritz ein Zweigbetrieb mit Lager zur besseren Bedienung des Kundenkreises im Engadin eröffnet worden. Mit Zirkular vom 1. Februar 1909 wurden die Kunden orientiert, dass die Firma H. Kummler & Cie. in Kummler & Matter umbenannt werde.

Zur selben Zeit wurde für die Leitungsstangen, die unten, beim Austritt aus dem Fundament, vorzeitig schadhaft wurden, ein in Beton eingelassener Eisenstangenfuss entwickelt, der den Ersatz der aufmontierten Stangen ohne grossen Aufwand ermöglichte.

Der anfänglich rege Export von Elektroöfen nach Japan kam bald ganz zum Erliegen, da trotz Patentschutz die Öfen nachgebaut und als japanisches Produkt angeboten wurden.

In Deutschland wurden für den Leitungsbau nur grosse Unternehmen zur Offertstellung eingeladen, die sich auch für die Finanzierung der Projekte engagierten, jedoch nur Interesse an der Lieferung grosser Maschinen und Apparate, für den Leitungsbau aber kaum genügende Infrastrukturen hatten. Diese Marktlücke wurde zum Signal für Kummler, sich im deutschen Leitungsbau zu etablieren. Unter dem Firmennamen Kummler & Matter wurde 1910 in Stuttgart, der Hauptstadt des Königreiches Württemberg, ein Zweigbetrieb eröffnet, der sich als Spezialfirma für die Projektierung und Erstellung von elektrischen Kraftübertragungsleitungen empfahl und von Anbeginn erfolgreich wirkte. Aarau stellte die Direktion, die Leitung des technischen Bereichs sowie das gesamte Oberpersonal. Kummler liess sich von Emil Wahlström, der sich in Stuttgart als beratender Ingenieur

ter betrieben werden musste. Aus dem elektrischen System selbst ergaben sich keine grundlegenden Mängel, von den Nachteilen des Drehstrombetriebes abgesehen, der eine Gegebenheit des damaligen Standes der Entwicklung war.

Mit dem Simplontunnel hatte Kummler & Co. im Fahrleitungsbau ein Meisterstück vollbracht, das dem Unternehmen für die kommende Epoche in der Umrüstung der Bahnen die beste Ausgangslage brachte.

Im Anschluss an die Arbeit im Simplontunnel wurde Kummlers Firma von Buss & Cie., Basel, mit dem Bau der Telefon- und Telegrafenleitung entlang der Berninabahn von St. Moritz bis Tirano betraut. Für das Albulawerk der Stadt Zürich wurden die Signalanlage und die Starkstromleitung von Bilten nach Bad Ragaz erstellt. Nachdem im Februar 1910 in der Gegend um den Walensee ein Schneesturm ungewohnter Art gewütet und vor allem 4-Winkel-Siegwart-Betonmasten geknickt hatte, wurde Kummlers Unternehmen mit der Instandstellung beauftragt.

betätigte, über den Stand der Elektrifikation im Nachbarlande näher orientieren und übernahm es selbst, den neuen Filialbetrieb bei den Werken einzuführen, was längere Aufenthalte jenseits der Grenze mit sich brachte. Als Leiter war ein Ingenieur namens P. Czygan eingesetzt, dem Kummler bald die Führung des Geschäftes überlassen und sich noch vermehrt auf Akquisition verlegen konnte. Präzision bei der Qualität der Arbeit und die Einhaltung der Termine räumten bald mit den Vorbehalten auf, die man anfangs von deutscher Seite gegenüber dem Auslandunternehmen hatte. Nach kurzer Zeit gehörten zwanzig Kraftwerksunternehmen von Württemberg bis hinauf nach Pommern zu den Kunden. Vom Provinzialverband Stettin wurde Kummler & Matter der Bau grösserer Kraftübertragungsleitungen, unter anderem das Leitungsnetz für die Elektrifikation der Insel Rügen, übertragen. Hochspannungsleitungen wurden auch für das Werk Hohenlohe-Oehringen ausgeführt, zu dessen Direktor Kummler gute Beziehungen unterhielt. Bedenklich war, dass dieser Mann, der Kummler in seinem Auto zu den Arbeitsplätzen fuhr, dies in übersetztem Tempo tat und Kummlers Mahnung ignorierte. Er fiel denn auch bald zufolge Platzens eines Pneus einem Selbstunfall zum Opfer. Für die Hannoversche Kolonisations- & Moorverwertungsgesellschaft in Osnabrück und die Landkraftwerke Leipzig wurden Hochspannungs- und Ortsnetzleitungen gezogen. Lahmeyer & Co. beauftragten Kummler & Matter mit Leitungsbauten im Gebiete des Werks am Lech.

Rupperswil

Durch die Arbeiten für das Ruppoldinger Werk und das Projekt Siegesmühle in der Nähe Lenzburgs hatte Hermann Kummler Kenntnis von grösseren unterirdischen Wasserströmen, die vom Hallwilersee, dem Aabach, der Wyna und der Suhre östlich von Aarau in die Aare mündeten. Von Professor Friedrich Mühlberg, mit dem er durch sein Interesse am Naturgeschehen sehr verbunden war, hatte er erfahren, dass die Wyna oberhalb von Suhr und Gränichen mehr Wasser führe als unterhalb und dass man beim Aabach und der Suhre auf ähnliche Erscheinungen gestossen sei. Kummler besprach sich in dieser Sache mit Grossrat Steiner-Nussbaum, in dessen Rupperswiler Spinnereifabrik Kummler & Matter mit Installationen beschäftigt war, und schlug ihm vor, Steiners Kraftwerk zu vergrössern, da sich die Wassermenge an jener Stelle äusserst günstig präsentiere. Steiner war bereit, Kanal- und Wehranlage für 150 000 Franken und die Lieferung von Strom für sein Werk an Kummlers Firma abzutreten. 1907 wurde ein Projekt erstellt, das sich auf 3 860 000 Franken Erstellungskosten belaufen sollte. Ein Konflikt mit den Jura-Cement-Fabriken, die oberhalb und unterhalb des Steinerschen Wehrs ihre eigenen Wasserkraftanlagen hatten, wurde beigelegt. Dagegen entstanden mit dem Kanton Aargau Probleme, da sich dieser eine Option auf Kapitalbeteiligung und Vertretung im Verwaltungsrate der Gesellschaft sowie zusätzliche Beteiligung am Gewinne sichern wollte. Als der Kanton seine Forderungen noch erhöhte und das Recht auf Mehrheit forderte, zogen sich Kummlers Geldgeber vom Projekt zurück. Sie änderten ihre Meinung auch dann nicht mehr, als der Kanton eingesehen hatte, dass er zu weit gegangen war und seine Forderungen wieder ein Stück weit zurückgenommen hatte.

Während dieses Hin und Hers musste Kummler nach Berlin verreisen, um die AEG in anderer Sache aufzusuchen. Nach Beendigung der Sitzung wurde er von Emil Rathenau zum Mittagessen eingeladen und an einer grossen runden Tafel, an der sich ein Dutzend Direktoren und Ingenieure eingefunden hatten, zu seiner Rechten an den Ehrenplatz gebeten. Rathenau ergriff das Wort und stellte Kummler als AEGs grössten Konkurrenten im schweizerischen Geschäfte vor, der der AEG den ganzen Kanton Baselland entrissen habe, indem er in höchsteigener Person überall Verträge abgeschlossen habe, bevor man bei der AEG in Basel über dieses Tun und Treiben unterrichtet worden sei. Er müsste deshalb Kummler eigentlich als unerwünschten Konkurrenten an diesem Tisch empfangen. Dem aber sei nicht so; er bringe dem kleinen Manne aus der Schweiz, der Grosses geleistet habe und noch leisten werde, alle Sympathie und Hochachtung entgegen, dies umso mehr, als es Kummler gelungen sei, sich nicht mit Unterbietung, sondern mit hoher Qualität im Geschäfte durchzusetzen. So wich das bei den Eröffnungsworten mulmige Gefühl des Gastes zuversichtlichem Befinden.

Von der Kollektiv- zur Aktiengesellschaft – Konzession für ein Kraftwerk Rupperswil

Mit Prospekt vom 12. Juni 1909 wurden 340 Aktien zu 500 Franken einer neu zu gründenden Aktiengesellschaft Kummler & Matter pari zur Zeichnung aufgelegt. 860 Aktien wurden der Kollektivgesellschaft Kummler & Matter für die Übernahme des Geschäftes mit Aktiven und Passiven übergeben. Zudem wurde den beiden Partnern ein Vorwegzeichnungsrecht für die Zukunft pro rata ihres Anteils eingeräumt. Das Kapital betrug somit 600 000 Franken. Dazu kamen Obligationen über 250 000 Franken, die die Aargauische Creditanstalt platzierte. Kummler wurde als Präsident und Delegierter, Oberrichter Paul Müri als Vizepräsident und Paul Edwin Matter als Delegierter des Verwaltungsrats gewählt.

Am 21. Februar 1910 wurde Kummler & Matter die Konzession für Rupperswil erteilt. In der Grossratssitzung, in der das Gesuch behandelt worden war, hatte Ständerat Isler die aargauische Politik gerügt, die jede Initiative privater Kreise im Kraftwerkbau in hohem Masse lähme. Ein Projekt für Gippingen sei aufgegeben worden. Auf Solothurner Boden sei ein Werk entstanden, das sonst im

Konzession an Kummler & Matter für ein Kraftwerk Rupperswil

1912/13 erstellte Kummler & Matter für AG Motor, Baden, die erste Gittermasten-Fernleitung der Schweiz von Anwil über das damals deutsche Elsass nach Réchésy in Frankreich mit Spannweiten von 150 bis 300 m und Isolatoren für 70 bzw. 110 kV. Das Reklame-Dia zeigt Arbeiten an einem Mast auf der Strecke Anwil-Bottmingen mit Hängeisolatoren (Strecke Bottmingen-Réchésy mit Stehisolatoren siehe S. 80).

Aargau zur Ausführung gekommen wäre. Wohl entschied der Rat im Sinne der Kommission und wies Anträge zur weiteren Erschwerung der Konzessionsbedingungen ab. Die zermürbenden Verhandlungen mit dem Staat als Konzessionsbehörde, die nach wie vor höchst unbefriedigenden Konditionen und schliesslich noch Attacken in der Presse aus Kreisen des Elektrizitätswerks der Stadt Aarau, anderer kommunaler und privater Institutionen hatten Kummler die Sache schliesslich ganz verleidet. Wieder einmal war ihm in seiner engsten Heimat, in der er soviel zur Entwicklung beigetragen, nur Undank zuteil geworden. Doch hatte er im Namen seines Unternehmens bereits vor Erteilung der Konzession, als die Verhandlungen mit dem Staate nicht vom Flecke kamen, Kontakte mit anderen Interessenten zum Verkaufe des Projektes aufgenommen. In Deutschland waren dies ein grosses Konsortium aus Berlin und die Firma Philipp Holzmann, Frankfurt; in der Schweiz wollten sich vor allem die Firma Buss und die Schweizerische Eisenbahnbank, beide mit Sitz in Basel, beteiligen, aber auch eine Genfer Gruppe und Aubert, Grenier & Cie. in Cossonay VD. Das Auf und Ab in den Verhandlungen mit dem Staate führte dazu, dass sich diese Interessenten mit Ausnahme des Konsortiums aus Berlin nach und nach alle distanzierten. Den Kosten für jahrelange Projektierung, einer ersten Zahlung an den Staat für die Erteilung der Konzession und dem grossen Ärger stand schliesslich nur ein namhaftes Aktivum gegenüber: ein Vertrag mit der Société des Houillères de Ronchamp für einen Kraftabsatz von 12 000 HP mit Lieferung franko Réchésy. Dazu kamen einige weitere kleinere Stromabsatzverträge im Jura und am Rhein. In dieser Situation trat am 11. Mai 1911 Walter Boveri in Kontakt mit Hermann Kummler. Er liess ihn wissen, dass BBC im Grunde keine Lust verspüre, sich mit dem Kanton Aargau zu streiten, dass man aber grosses Interesse am Kraftabsatzvertrag mit der Grube in Ronchamp habe. Damit standen Kummler & Matter plötzlich zwei potente Interessenten gegenüber. Die Berliner Gruppe offerierte eine Summe, sofort auszahlbar, die nicht nur zur Deckung aller Spesen ausgereicht, sondern auch einen ansehnlichen Gewinn abgeworfen hätte. BBC dagegen bot eine Zahlung an, die knapp berechnet war, dafür aber auch einen Grossauftrag im Leitungsbau, der wohl wenig an unmittelbarem Gewinn, aber einen Arbeitsvorrat für Aarau in hohem Mass bedeutete. Die Herren aus Berlin kamen eigens angereist. Gleichzeitig drängte BBC, sodass am gleichen Tage mit der deutschen Delegation persönlich sowie mit Walter Boveri und Charles Brown übers Telefon und dann noch in Baden verhandelt werden musste. Man entschied sich schliesslich für BBC, die auch als Partner für die Zukunft von Bedeutung war und, wie Kummler schrieb, auch aus patriotischen Gefühlen.

Die Stromlieferungsverträge ermöglichten dem Elektrizitätswerk Olten-Aarburg den Ausbau des Kraftwerks Olten-Gösgen (auf Solothurner Kantonsgebiet). Kummler & Matter übernahm von der AG Motor in Baden, der BBC die Ausführung übertragen hatte, den Bau der Leitung von Anwil mit Anschluss an Beznau und die im Entstehen begriffene Zentrale in Niedergösgen über schweizerisches und deutsch-elsässisches Gebiet an Frankreichs Grenze bis Réchésy. Neu an dieser Leitung waren Distanz und Spannung. Was hierzulande bisher üblich war, musste neuer Technik weichen. Eiserne Gittermasten ersetzten Holzstützpunkte, womit sich die Spannweite von bisher 45 bis 60 auf 150 bis 200 Meter ausdehnen liess. So konnte die Gesamtdistanz von Anwil bis nach Réchésy von 64 km auf rationelle Weise überwunden werden.

Die Leitung war für 70 000 Volt berechnet mit der Möglichkeit eines Ausbaus auf 100 000 Volt. Zunächst musste aber vom Bundesrat ein Dispens von Vorschriften bewilligt werden, die noch auf das System der hölzernen Masten ausgerichtet waren und im Bereich der Kreuzung von Leitungen mit Strassen, Bahnen und anderen Stark- und Schwachstromsträngen derart verkürzte Spannweiten vorschrieben, dass ein rationeller Ausbau mit Metallstützpunkten undenkbar gewesen wäre. Auf Grund der neuen Technik war der Bundesrat bereit, von überholten Regeln abzuweichen, um kontraproduktive Hindernisse aus dem Weg zu räumen.

Trag- und Abspannmasten, letztere stark dimensioniert und etwa alle 1 bis 1,5 Kilometer in die Leitung eingeschoben, waren aus Gitterwerk, die Oberteile feuerverzinkt, die Unterteile mit Ölfarbe wetterfest gestrichen und in Betonsockel eingelassen. Kummler & Matter lieferte die Masten für die Strecke von Anwil bis Bottmingen, die übrigen ein Werk im Elsass. Hänge- und Abspannisolatoren wurden von der Firma Ph. Rosenthal, Selb in Bayern, aus Porzellan fabriziert. Die Leitung selbst bestand aus sechs

Fahrleitungsbau für die Bremgarten-Dietikon-Bahn durch Kummler & Matter 1911/12:

Bild unten links: Station Bremgarten

Bild unten rechts: Strecke Bremgarten–Wohlen für Normal- und Schmalspur

Kupferseilen und einem Erdseil, das aus Stahl gefertigt war.

Leider hatten sich die Vertreter der AG Motor, die den Auftrag hatten, mit den Bauern, auf deren Land die Sockel einzubauen waren, zu verhandeln, aus Bequemlichkeit darauf beschränkt, in den Wirtschaften bekannt zu geben, dass die betroffenen Grundeigentümer bei Baubeginn entschädigt würden. Als sich dann die Bautrupps auf den Feldern an die Arbeit machten, in der Meinung, die Abfindung sei erfolgt, kam Aufruhr in die Gegend. Mit Sensen, Gabeln und mit Stöcken wurden Arbeiter auf der Strecke eingeschüchtert, die völlig schuldlos waren. Kummler, der zur Stelle war, musste die Wogen glätten. AG Motor, bei der er energisch reklamierte, stellte sich hinter ihre Emissäre, die beteuert hatten, sie hätten alles wohl geregelt. Erst spät erfuhr man in Baden vom wahren Sachverhalt und sorgte für eine Beilegung des Konfliktes.

Bis zum Ersten Weltkrieg war auch die Apparateabteilung recht gut ausgelastet. Maschinen zum Spülen von Geschirr und zur Herstellung von kohlesäurehaltigen Getränken sowie Kohlesäurebädern für Hotels, Pensionen, Krankenhäuser, Restaurants und Hochseedampfer wurden nach Deutschland, Österreich, Frankreich und Italien, nach Holland, Belgien, Norwegen, Schweden, Bulgarien und Südamerika exportiert. Kochherde wurden für Privathaushalte, aber auch für Hotelküchen in jeder Grösse hergestellt und mit Nebenapparaten für Wärmehaltung zum Backen und zum Braten installiert. Die Salat-Zentrifuge «Economia» war zur gründlichen Reinigung und Entwässerung von Salat entwickelt worden. Dazu kamen Boiler. Schliesslich wurde ein Apparat zum Waschen und Entfetten geschliffenen Metalls gebaut und patentiert.

Und wiederum die Bahnen

Kummler & Matter installierte 1911/12 für die 1902 erstellte elektrische Strassenbahn von Bremgarten nach Dietikon die Fahrleitung von Bremgarten-SBB nach Bremgarten-Obertor und baute die bereits elektrifizierte Strecke von Bremgarten bis nach Dietikon von Trolley- auf Lyrabügel-Stromabnehmer um. Auf der bisherigen Dampfbahnstrecke Bremgarten–Wohlen wurde eine dritte Schiene eingebaut, sodass sie auf Normal- und Schmalspur befahrbar war, in Normalspur mit einer eigenen elektrisch betriebenen Lokomotive für den Transport von Gütern ab SBB und in Schmalspur mit Motorwagen für die Beförderung der Personen. Auch auf diesem Stück installierte Kummler & Matter den Fahrdraht in Einfachaufhängung für 800 Volt und Benützbarkeit für beide Spuren.

Bei Gelegenheit des Einbaus der elektrischen Beleuchtung in der Aareschlucht hatte Kummler schon 1910 vorgeschlagen, eine Trambahn von Meiringen Station über das Hotel und die Fälle am Reichenbach nach der Aareschlucht zu führen. Die Strecke von der Bahn zum Hotel an den Fällen war seinerzeit mit einem Elektroomnibus der Schweizerischen Automobil-Gesellschaft betrieben worden. Die Tram-Gesellschaft wurde noch im gleichen Jahr gegründet und Kummler & Matter führte 1912 die Fahrdrahtinstallationen in Einfachaufhängung aus.

Als Verbindungsbahn mit 32 km Leitungslänge zwischen den SBB-Strecken Olten–Bern und Olten–Solothurn wurde kurz vor Kriegsbeginn die Solothurn-Bern-Bahn projektiert und dann auch ausgeführt. Kummler & Matter baute 1915 das Tragwerk von Solothurn bis Jegenstorf und zog die Leitungen für 1200 Volt auf der ganzen Strecke. Bei dieser Bahn wurden Eisenmasten in Differdinger Profil, in Betonsockel eingelassen, an Stelle hölzerner Träger installiert. Der Fahrdraht wurde nicht mehr direkt, sondern nach jeweils 10 Metern an einem Tragseil aufgehängt, was eine Ausdehnung der Mastdistanz erlaubte, und zwar auf 60 und in den Kurven auf 35 Meter. Damit liess sich auch der Durchhang erheblich reduzieren und die Fahrgeschwindigkeit erhöhen.

1914 hatte Kummler & Matter im Auftrag der städtischen Strassenbahn von Bern die Fahrdrahtleitung für die Rundbahn der Schweizerischen Landesausstellung von 2,6 Kilometer Länge zu installieren, auf der gleichzeitig 6 Wagen zirkulieren sollten. Die Anlage, auf weichem Ackerboden als Provisorium zu erstellen, schloss auf der einen Seite eine einfache Verkeilung der Masten mittels Steinen aus, auf der anderen Seite aber auch teure massive Betonfundamente. Kummler & Matter hatte schon zuvor ein eigenes System entwickelt, bei dem Rundholzstücke oder alte Schwellen, übers Kreuz in horizontaler Lage in den Boden eingelassen, den Fuss der Leitungsmasten in feste Lage klemmten. Mit diesem System konnte vom Einbau teurer Betonfundamente abgesehen werden. Schon zuvor waren auf dem Werksgelände der Weserhütte in Bad Oeynhausen, die für die neue Fundierungsart ihr Interesse angemeldet hatte, unter Mitwirkung des Telegrafenversuchsamtes des Deutschen Reiches, mit Erfolg Zugsversuche unternommen worden, deren Resultat auch schweizerischerseits gewürdigt wurde. Dieses vereinfachende System war wie zugeschnitten auf das Projekt dieser Rundbahn im Ausstellungsgelände und hatte Kummler & Matter einen Auftrag eingebracht, der wegen der Bedeutung der Ausstellung äusserst werbeträchtig war.

Trambahn Meiringen–Reichenbach–Aareschlucht: Fahrleitungsbau durch Kummler & Matter 1912

Landesausstellung 1914 in Bern: Leitungsbau Kummler & Matter für die elektrische Rundbahn (Ruten-Stromabnehmer)

Landesausstellung 1914: Leitungsmastfundamente nach Kummler & Matter Patent 68293

Es versteht sich, dass Kummler & Matter an dieser landesweiten Schau auch ihre Apparate dem Publikum vor Augen führte, die mit einer goldenen Medaille ausgezeichnet wurden.

Das stete Wachstum des Unternehmens hatte unterdessen einen Neubau des Verwaltungstraktes in der Bleichmatt und die Erhöhung des Kapitals von 600 000 Franken auf 1 Million gefordert.

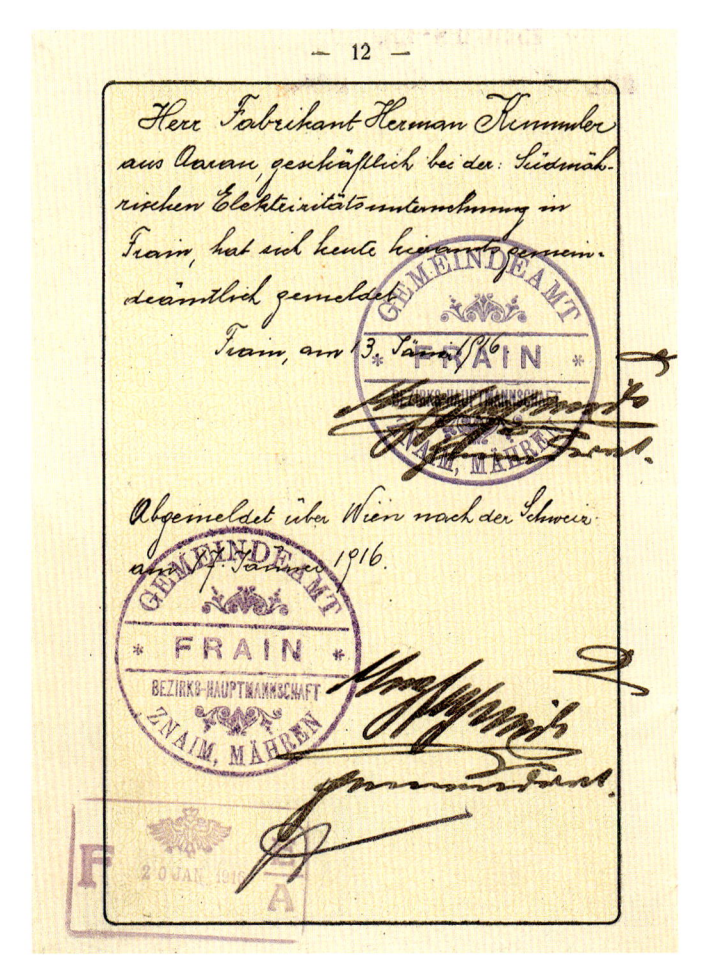

Projektarbeit in Mähren

Am 22. Juli 1909 wurde Hermann Kummler aus den Ferien zurückgerufen, um sofort nach Frain und Znaim in Mähren abzureisen. Mit einer Generalvollmacht und einem Pass für alle Länder versehen, reiste er noch am gleichen Tag über Lindau–München–Salzburg–Linz nach Wien, wo er am frühen Morgen eintraf und bereits um 9 Uhr in den Anschlusszug nach Mähren stieg, um Schönwald zu erreichen, das zwischen Frain und Znaim gelegen war. Die Herren, die ihn dort empfingen, unterbreiteten dem weit Hergereisten Pläne zur Errichtung einer Sperre der Thaya für die Kraftgewinnung, verbunden mit dem Bau einer elektrisch betriebenen Thayabahn. Man wollte Kummler als technischen Experten, Generalunternehmer und Financier in das Projekt einbinden. Auch Österreichs Banken hielten noch Distanz zu allem, was mit Elektrizität verbunden war. Am nächsten Tage war Kummler zu einem Lokaltermin geladen. Das gab ihm Gelegenheit, sich beim Direktor der Domäne von Schloss Frain, Oberförster Nikodem, nach den Preisen von Zement, Sand und Kies und dem Transport solcher Materialien im Thayatal zu informieren. Am Abend rief Kummler einen befreundeten Ingenieur in Prag namens Kolben an, der dort eine Fabrik für Maschinenbau betrieb, und erkundigte sich nach der politischen Situation in der Thaya-Gegend und den Erfahrungen beim Umgang mit den Kreisbehörden. Kolben lud ihn ein, nach Prag zu kommen. So fuhr Kummler am nächsten Tag nach Böhmen. Die Auskunft, die er dort erhielt, war nicht sehr ermutigend. Ins Thaya-

Reisepasseintrag Thaya-Projekt in Mähren

tal zurückgekehrt, nahm er das mögliche Trassee der projektierten Bahn in Augenschein. Auf dem Rückweg hatte sich Kummler mit einem Bekannten im Wiener Bahnhof unterhalten, der ihn wissen liess, dass die Gegend der unteren Thaya periodisch unter Überschwemmungen zu leiden habe, und dass die Regierung Projekte zur Melioration studiere. Deshalb dürften vom Staate für ein Regulierungswerk namhafte Beträge zu erwarten sein.

In der Schweiz trat Kummler mit BBC in Kontakt, die für die Sache Interesse zeigte, und reiste alsbald wiederum nach Frain mit einer ersten Studie für die Erstellung der Thayabahn. An Ort und Stelle wollte Kummler Grobkonzepte für die sekundären Netze in den Gemeinden rund um das geplante Werk entwerfen, um sich Zahlen für die Berechnung der Rentabilität des Werkes zu beschaffen. Dort musste er erfahren, dass Katasterpläne nur vereinzelt vorhanden seien. So wurde denn beschlossen, dass in die Studien nur wenige Gemeinden einbezogen würden, um wenigstens ein ungefähres Bild zu haben. Kummler nahm mit Gehilfen, die die Gemeinden stellten, in Zlabings, Budwitz, Jamnitz und Jaromeritz mit Nivellierungsapparaten, Messbändern und Messstangen provisorische Pläne für die Netze auf. Anschliessend wurden noch andere Gemeinden oberflächlich inspiziert, darunter auch die Ortschaft Aspern, die historische Bedeutung hatte. Kummler faszinierte der Reiz der Landschaft in der Gegend um Raabs, Vöttau, Frain mit grossen Schlössern auf den Höhen, dem Wald- und Wildreichtum mit Hirschen, Rebhühnern und Fasanen. Bevor er die Reise von Wien in die Schweiz antrat, besah sich Kummler die neue geleiselose elektrische «Bahn» nach Pötzleinsdorf, die, nach dem Stollschen System gebaut, zur Zufriedenheit funktionierte. Schliesslich traf er Direktor Sauer der städtischen Trams in Wien, der ihm nahelegte, die Lieferung eines grösseren Quantums von Thayastrom nach Wien mit zu projektieren. In die Schweiz zurückgekehrt, liess Kummler die Pläne ins Reine zeichnen und definitive Kostenvoranschläge erstellen, die er dann nach Mähren sandte. Als er lange nichts mehr hörte, fragte er zurück und erfuhr, dass die Konkurrenz hinter dem Projekt her sei. Leider zerschlug sich Kummlers Hoffnung, für dieses Projekt doch noch einen Auftrag zu erhalten.

Der Erste Weltkrieg

August 1914: Kriegsausbruch

Kummler & Matter hatte im Gebiet von Beaune, Chalon, Le Creusot, Epinal, Autun, Verdun und Besançon Stromabonnenten gewonnen und kam schliesslich 1913 mit der Société Dijonnaise d'Electricité und einer Firma Gaz et Eau in Paris wie auch mit Schneider-Creusot ins Gespräch. Geplant war, die Kraft an einen einzigen Abnahmeort zu führen, wobei 60 Kilometer Leitungsbau für das Schweizer Unternehmen in Aussicht standen. Hinter Kummler & Matter hatte sich ein Konsortium von Strom-Lieferwerken im Raume Brugg-Wildegg formiert.

Ebenfalls in Frankreich hatte die AG Motor zur Verteilung der nach Réchésy übertragenen Energie die Kraftversorgung Sundgau AG neu errichtet. Kummler & Matter hatte sich im Vertrag mit BBC den Bau nicht nur der Hauptleitung nach Réchésy, sondern auch der sekundären Netze fest gesichert. Mit einem Baubüro und Magazinen in Altkirch nahm Kummler & Matter Leitungsbau und Installationen auf und stellte Rechnung für alles, was beendet war. Da der Strom vom Werk noch nicht geliefert werden konnte, verweigerte jedoch eine Grosszahl der Empfänger jede Zahlung.

Im Dijonnais liefen die Verhandlungen und im Elsass wurde nicht bezahlt. Trotzdem reiste Kummler im Juli 1914 mit seiner Familie zur Erholung in die Sommerfrische, die man im Hotel Adula in Flims verbrachte.

Gegen Ende des Monats blieb die Post aus und Zeitungen trafen nicht mehr ein. Der Hotelier erklärte, die Bahn sei zwischen Reichenau und Ilanz unterbrochen, was den Ausfall der Postzustellung verursacht habe. Auch in den anderen Hotels waren weder Post noch Zeitungen bei den Gästen eingetroffen. Als Kummler am 31. Juli nachts spät nach Hause kam, war er konsterniert, zu hören, was sich in der kurzen Zeit des Informationsausfalls ereignet hatte. Wie sich ergab, hatten die Hoteliers, um den Auszug der Gäste zu verhindern, vereinbart, Korrespondenz und Zeitungen mit den Berichten über den Kriegsausbruch zurückzuhalten.

Kummler erhielt drei militärische Aufgebote, nach Aarau, Cham und Solothurn, alle drei auf den 3. August morgens sieben Uhr. Aaraus Platzkommandant entschied, dass er sich als Präsident der Fahrzeugschätzungskommission der 4. Division zur Verfügung des Korpssammelplatzes Aarau zu stellen habe. Dort hatte er die Schätzungskommission zu besammeln und mit ihr einige hundert Velos, Motorräder und Autos zu inspizieren, zu schätzen und die Schätzungen ordnungsgemäss zu registrieren.

Kummler & Matter wurde mitten in der Arbeit, die im Elsass noch voll im Gange war, vom Kriege überrascht, der das Gebiet einmal in der einen, dann in der anderen Richtung überzog. Während die Deutschen requiriertes Material auch prompt bezahlten, stellten die Franzosen wohl Quittungen über Materialbezüge aus, blieben aber den Gegenwert von über 250 000 Franken schuldig. Die Rechnungen für die Installationen wurden jetzt erst recht nicht mehr beglichen.

Im Dijonnais hatte der Ausbruch des Krieges für die Firma den Verlust des mit grossem Einsatz angebahnten Leitungsbaus zur Folge.

In Aarau entzog die Mobilisation dem Betrieb einen Grossteil der Belegschaft. Der Installationssektor war nach anfänglichem Zusammenbruch recht gut ausgelastet, da die Petrolknappheit manche Ortschaft zur Erweiterung des Lichtstromnetzes veranlasste. Doch wurde Kupfer rar, was die Arbeit bremste. Im Apparatebau dagegen, namentlich im Hotelsektor, kam das Geschäft fast gänzlich zum Erliegen.

Um einen Run auf die Banken zu vermeiden, hatte die Nationalbank die Institute angewiesen, Auszahlungen auf 50 Franken in der Woche oder 200 Franken im Monat zu beschränken, eine Massnahme, die ungeachtet der Bedürfnisse und der Art der Kunden gehandhabt wurde. Damit kam der Barverkehr, der damals noch eine beherrschende Stellung hatte, praktisch zum Erliegen. Deutsche Banken waren, wie Kummler mit Bitterkeit vermerkte, viel flexibler, sogar Kunden aus dem Ausland gegenüber. Die Aufrechterhaltung der Betriebe erforderte einen grossen Einsatz der Prinzipale und Geduld auf Seiten der Belegschaft. Am 28. August 1914 tagte eine vom Verband Schweizerischer Lieferanten der Elektrobranche einberufene Versammlung mit dem Ziel, Mittel und Wege zu erörtern, um zu einem geordneten Zahlungsverkehr zurückzufinden und Arbeit zu beschaffen. Vertreten waren nicht nur die Verbände aus dem Elektrizitätsbereich, sondern jene aus der Wirtschaft ganz allgemein. Ein Sprecher der Nationalbank stellte richtig, dass die Weisung seines Institutes nur den privaten Haushalt im Auge habe, jedoch in keiner Weise den geschäftlichen Verkehr und dass die Berufung der Banken auf diese Weisung im Verhältnis zu den Unternehmen völlig unberechtigt sei. Im Anschluss an diese Konferenz senkte das Noteninstitut den Diskontsatz und nahm die Empfehlung zur Begrenzung der Barzahlungen auch für den Privatbereich zurück, was auf den Geschäftsverkehr beruhigend wirkte.

Als Schweizer im Besitz geheimer deutscher Festungspläne

Offenbar war es Kummler & Matter in Stuttgart rasch gelungen, eine besondere Vertrauensstellung zu erlangen. Jedenfalls hatten sich die Regionalinstanzen, von denen die Schweizer Firma noch in Friedenszeiten in Stuttgart mit Leitungsbauten auf dem Gebiete der Reichsfestung Ulm betraut worden war, wenig mit Fragen des militärischen Geheimbereichs befasst. So waren die ausführenden Equipen des ausländischen Montageunternehmens im Besitze aller höchst geheimen Festungspläne, als der Krieg ausbrach. Kummler reiste sobald er konnte nach Stuttgart, da Aarau von der deutschen Filiale kein Lebenszeichen mehr erhalten hatte. Dort fand er einen Anschlag an der Tür «Wegen Kriegsausbruch geschlossen». Vom Personal war niemand anzutreffen. Da er wusste, dass die Hauptarbeiten in Ulm im Gange waren, fuhr er noch gleichentags nach diesem Ziele weiter, das er mit vielen Unterbrüchen nach Mitternacht erreichte. Wie gewohnt begab er sich zum Hotel Russischer Hof, das nun aber mit Hotel Fezer angeschrieben war. Der Nachtportier wies ihn ab, da den Hotels verboten worden sei, Ausländer aufzunehmen. Kummler protestierte und berief sich zu dieser vorgerückten Stunde auf seine Stammkundeneigenschaft. Schliesslich wurde der Concierge gerufen, der Kummler kannte. Dieser bat um Kummlers Karte, auf der der Gast, wie er wusste, als Direktor der Stuttgarter Filiale figurierte, und trug ihn kurzerhand als deutschen Staatsbürger ein.

Da ihm seine Lage nicht mehr geheuer schien, beriet sich Kummler mit seinem in Ulm ansässigen Vetter Springer, der ihn mit einem Anwalt in Verbindung brachte. Man kam überein, dass sich Kummler bei dem für den Süden Deutschlands neu ernannten Kaiserlichen Gouverneur, der zugleich Chef der Festung sei, melden solle. Da der Anwalt mit dem Gouverneur befreundet war, gelang es, für Kummler eine Audienz in der schwer bewachten Kommandantur zu erwirken. Rechtzeitig begab sich Kummler zum Grünen Hof bei der Donaubrücke, betrat das festungsähnliche Gebäude, das mit «Kaiserl. Festungs-Gouvernement» beschriftet war, und gab der Wache sein Empfehlungsschreiben ab. Von einem Offizier begleitet, wurde der Besucher über Treppen und Korridore in einen Saal geführt, wo er einen höheren Militärbeamten in Gegenwart eines jüngeren Offiziers, der alles protokollierte, über die Kummler & Matter erteilten Leitungsbau- und Installationsaufträge informierte und namentlich darüber, dass die Firma über alle Pläne des Reichsfestungswerks verfüge und auch über jene der Kasematten und der gelegten Minen. Der Beamte war konsterniert, dass man einem ausländischen Unternehmen diese Arbeit übertragen und die geheimen Pläne ausgehändigt hatte. Kummler wurde über alle Details einvernommen, von wem das Unternehmen die Pläne erhalten habe, wer solche Pläne in Händen habe und welche Ingenieure, Techniker und Monteure an der Arbeit beteiligt seien, alles mit Personalien und Nationalität. Nachdem er den Pass deponiert hatte, wurde er entlassen und auf den nächsten Tag erneut vorgeladen.

Dieses Mal wurde Kummler vom Gouverneur persönlich im Beisein höherer Offiziere einvernommen und musste alles wiederholen, was er tags zuvor schon zu Protokoll gegeben hatte. Dabei sah er, dass seine Aussagen erneut stenographisch festgehalten wurden. Nach Beendigung der Prozedur bemerkte der Gouverneur, dass die von Kummler genannten Auftraggeber die Informationen in allen Punkten bestätigt hätten. Die hohen Militärs schienen überzeugt von Kummlers Ehrlichkeit. Man war nun deutscherseits in der unangenehmen Lage, zu entscheiden, ob man der dringenden Fertigstellung der Arbeit durch die Schweizer oder einem Ar-

Verpflichtungserklärung im Zusammenhang mit der Festung Ulm

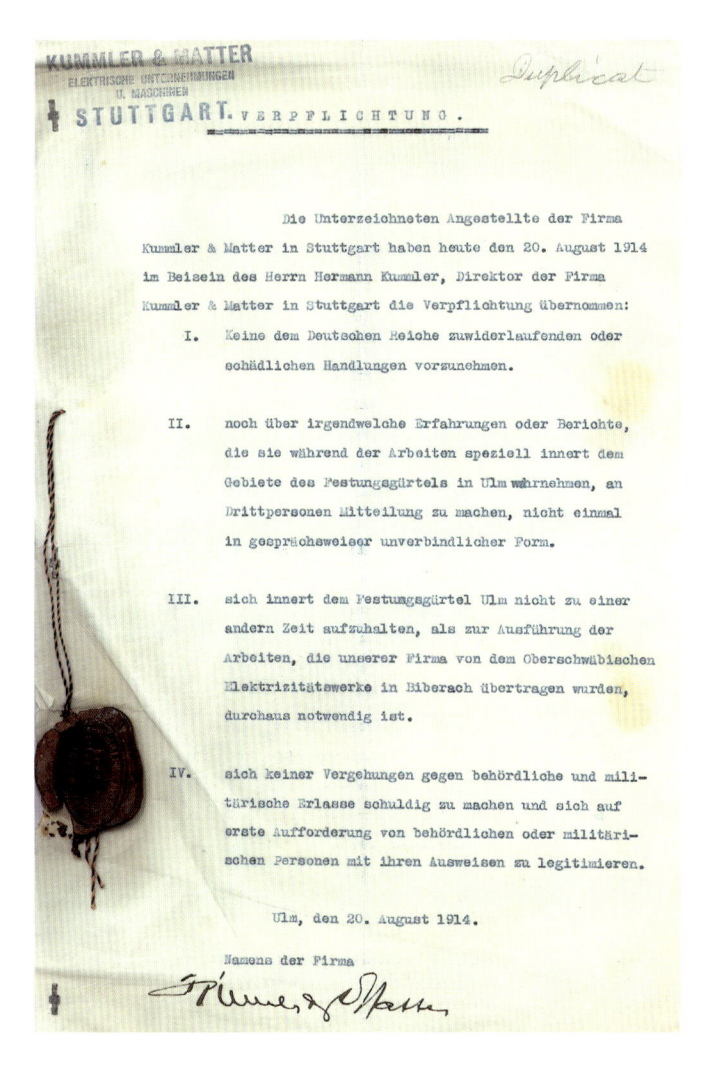

beitsunterbruch und dem Einsatz eines deutschen Unternehmens den Vorzug geben wollte. Man entschied sich für die Dringlichkeit. Kummler gab für sich eine Ehrenerklärung ab und übernahm es, von allen Mitarbeitern, die im Bereich der Festung installierten, eine schriftliche Erklärung einzuholen, die eidesstattlich bekräftigt werden musste. Auf Verrat stand zudem Todesstrafe oder Festungshaft.

Nach dem Verhör führte der Gouverneur mit Kummler noch ein vertrauliches Gespräch, worin er ihm eröffnete, dass er selbst und die deutsche Filiale sich in einer höchst bedenklichen Lage befunden hätten und dass man ihn bei Widersprüchen mit den Erklärungen der auftraggebenden Regionalinstanzen in Gewahrsam genommen hätte. Er, der Gouverneur, habe die ganze Angelegenheit dem Kaiserlichen Generalkommando unterbreiten müssen, das in Aachen residiere und sich schliesslich auf Drängen der Auftraggeber dafür entschieden habe, der Schweizer Firma die Fertigstellung der Bauten zu überlassen.

Kummler stimmte einer Rückgabe der Pläne zu, da er und die übrigen Beteiligten inzwischen über die nötigen Kenntnisse der Örtlichkeit verfügten. Er erhielt einen blauen Passepartout zur Inspektion des Fortgangs der Installationen und deren Unterhalts, der ihm für die ganze Dauer des Krieges und die Nachkriegszeit belassen wurde. Damit fand ein Abenteuer, in das Kummler unverschuldet durch den plötzlichen Ausbruch des Krieges verwickelt worden war, ein glimpfliches Ende.

Mitte September 1914 wurden die gesamten Kräfte der Stuttgarter Filiale auf die Festung Ulm verlegt, da von der deutschen Heeresleitung ein Einmarsch der französischen Armee befürchtet wurde.

Die Realität des Krieges...

Der Kampf um Kupferdraht, dessen Preis sich verdoppelt hatte, wurde bald zur Überlebensfrage. Bis auf den Einzug des Leitungsdrahtes beendete Installationen lagen brach und wurden nicht bezahlt. Neuaufträge wurden nur erteilt, wenn nachgewiesen werden konnte, dass genügend Material vorhanden sei. Schliesslich wurden in Marseille und Le Havre fünf Wagen Kupfer requiriert, die man in Aarau dringend benötigte. Kummler vernahm von einem Freund in Marseille, dies sei auf Anordnung höchster Stellen in Paris geschehen, da Kummler & Matter in Deutschland eine Filiale unterhalte, in Aarau in der Person des Ingenieurs Gruner einen Deutschen in leitender Stellung beschäftige und drittens für Frankreich keine Munition herstelle. Unter dem Zwang der Dinge musste man mit Paris verhandeln und unterzog sich angesichts des folgenschweren Kupfermangels den gestellten Forderungen. Die Stuttgarter Niederlassung wurde umgegründet und hiess fortan Gesellschaft für elektrische Anlagen mbH (GEA). Man trennte sich von Gruner, der ohnehin mit Kriegsbeginn ins Heer einberufen worden war. Schliesslich mussten an Frankreich «Détonateurs» geliefert werden, deren Herstellung nicht zum Fabrikationsprogramm von Kummler & Matter gehörte. Letzteres rief das Eidgenössische Militärdepartement auf den Plan, das sich für die Motive interessierte, die das Unternehmen veranlasst hatten, die Fabrikation für Frankreich aufzunehmen. Man gab sich in Bern mit dem Hinweis auf die Zwangssituation befriedigt, indem die Lösung schliesslich auch in schweizerischem Interesse lag. Auf Grund der Lieferung nach Frankreich gelangte man vom Generalstab an Kummler & Matter mit der Frage, ob sich Aarau bereit erkläre, Rüstungsmaterial auch

100 kV-Leitung Niederstotzingen-Meitingen 1924 teilweise durch GEA, Stuttgart, für Württembergische Landes Elektrizitäts-Aktiengesellschaft und Bayernwerke erstellt. Aufstellen eines Bahnkreuzungsmastes.

für die eigene Armee zu liefern. Da dies nicht nur neuen Raum, sondern auch die Anschaffung von Spezialmaschinen, -werkzeugen und -apparaten erforderte, musste besonderes Augenmerk auf die Frage der Rentabilität einer weiteren Produktionsumstellung für eine beschränkte Periode gerichtet werden. Trotz grosser Ungewissheit über die Dauer des Krieges und damit über die Möglichkeit der Amortisation der Investition entschloss sich Kummler & Matter, dem Generalstab eine positive Antwort zu erteilen. Erstens fühlte sich die Firma der eigenen Armee verpflichtet, deren Munitionsvorrat äusserst knapp bemessen war, und zweitens konnten vorläufig sichere Arbeitsplätze ausserhalb des Normalprogramms geschaffen werden, dessen Zukunft ungesichert war. Nach nur drei Monaten war der Erweiterungsbau der Fabrikationslokalitäten unter Dach und der durchgehende Produktionsbetrieb konnte in drei Schichten zügig an die Hand genommen werden.

Das Unvermeidliche trat ein: Die Kaiserliche Gesandtschaft in Bern warf Kummler & Matter Neutralitätsverletzung vor und wies darauf hin, dass das Unternehmen zu jenen Schweizer Firmen zähle, die im Genusse der grössten Eisenlieferungskontingente des Deutschen Reiches ständen. Diese Vorzugsstellung als Bezüger von strategisch wichtigem Material war darauf zurückzuführen, dass Kummler & Matter wegen der Umstellung auf Gittermastenträger im Hochspannungsleitungsbau in den Vorkriegsjahren zum grossen Importeur geworden war, was man von deutscher Seite auch nach Kriegsbeginn nicht vergessen hatte. Überdies war das Aarauer Unternehmen durch das Geschäft in Stuttgart dem Deutschen Reich verbunden. Kummler weilte wiederholt zur Kontrolle des Leitungsbaus in Stuttgart, Ulm, Rochlitz, Leipzig, Dresden, Freiberg (Sachsen) und Berlin und hatte auch Kontakte mit der Reichs-Heeresleitung und dem Stuttgarter K & K-Kriegsministerium. Kummler & Matter arbeitete in der Folge auch für das Deutsche Reich.

Am 15. Oktober 1915 befand sich Kummler auf der Reise von Stuttgart kommend über Ulm nach Friedrichshafen und der Schweiz. Der D-Zug, der die Strecke von Ulm bis Friedrichshafen ohne Halt zu durchfahren hatte, wurde auf der Station Biberach plötzlich angehalten. Der Zugführer und die Schaffner rannten dem Zug entlang und durch die Coupés und riefen einen Herrn Kummler aus der Schweiz aus. Der Gesuchte gab sich zu erkennen und wurde mit aller Höflichkeit zur Station gebeten, wo ihm der Vorstand eröffnete, dass ihn das K & K-Kriegsministerium in Stuttgart in wichtiger Angelegenheit dringendst zu sprechen wünsche. Die bahntelefonische Verbindung sei schon hergestellt. Kummler wurde mit streng vertraulicher Mission beim Eidgenössischen Militärdepartement betraut, auf deren Inhalt sich kein Hinweis findet. Nach Beendigung des Gesprächs wurde der kleine Schweizer, dem man das Köfferchen und den schwarzen Überzieher, den er stets bei sich hatte, dienstbeflissen nachtrug, vom Vorstand und seinem Stellvertreter unter Erweisung höchster Reverenz zurück zum Zug begleitet. Aus allen Fenstern starrten Gaffer, um sich den anscheinend hochgestellten Mann, dessentwegen man den D-Zug über zehn Minuten hatte warten lassen, näher zu besehen.

Nachdem sich der Zug wieder in voller Fahrt befand, promenierten die Passagiere vor Kummlers Coupé auf und ab, was dieser in seinem höchst anschaulichen Bericht mit dem Besucherstrom vor einem Käfig in der Menagerie verglich. Im Coupé selbst hatte er sich lästiger Fragerei zu erwehren. In Friedrichshafen schliesslich wurde er vom Zugführer unter Umgehung der Bahnsteigsperre und der Pass- und Zollkontrolle direkt aufs Schiff nach Romanshorn geleitet. Zufolge der Verspätung, die der Zug erhalten hatte, kamen auch die anderen Passagiere in den Genuss einer speditiven Grenzabfertigung.

Tags darauf entledigte sich Kummler in Bern seiner Mission und hatte die Gelegenheit, sich mit Direktor Wagner, dem Chef der kriegstechnischen Abteilung, über den Stand des Krieges zu unterhalten.

Eine derart beförderliche Art der Grenzpassage blieb ein seltenes Privileg. In der Regel war der Grenzübertritt auch für Kummler belastet von umständlichen Prozeduren, vor allem dann, wenn er Akten und Pläne für den Leitungsbau oder Lehren zur Herstellung des bestellten Materials nach Aarau mitzunehmen hatte. Die Zollbeamten durchbohrten ihm sogar die Sohlen und nahmen peinliche Körpervisitationen vor. Dazu kamen An- und Abmeldungen an den deutschen Bestimmungsorten und der Bezug der Lebensmittelmarken, alles verbunden

Leitungsbau Kummler & Matter, Stuttgart, für Landkraftwerk Leipzig 1912/15. Sicherheitsüberführung bei (Dampf-)Bahnstrecken. Im Bild: Bahnkreuzung Grossbothen.

mit langen Märschen von Amt zu Amt. Dabei vergingen Stunden und auch Tage in einer ohnehin schon angespannten Lage.

Auf den vielen Reisen in deutschen Zügen kam Kummler nicht nur mit der Zivilbevölkerung in Kontakt, sondern auch mit verletzten Frontheimkehrern, die vom Grauen des Grabenkampfs berichteten, von den 42-cm-Geschützen, die in Fernbedienung auf die Distanz von 200 Metern gezündet würden und den Boden weiterum zum Zittern brächten, von den Fallbohrern, die französische Aeroplane über den Linien fallen liessen und die den Getroffenen in der ganzen Länge durchbohrten, und von vielem anderem mehr.

In Friedrichshafen stieg Kummler regelmässig im Hotel Deutsches Haus ab und begegnete dort öfters einem sympathischen älteren Herrn. Da sich die Begegnung wiederholte, bat der Herr eines Tages Kummler zum Essen an seinen Tisch. Er sei der Besitzer des Hotels, sein Name sei Zeppelin. Die beiden Männer kamen auf Erfindungen und Neukonstruktionen zu sprechen. Da er in Kummler einen Gesprächspartner gefunden hatte, dessen Interessen gleich gelagert waren, schüttete Zeppelin sein Herz aus, berichtete von seinen Misserfolgen und vom Verlust des von Freunden ausgeborgten Geldes. Kummler versuchte ihn zu trösten und spendete eine Flasche Wein, um sein Glas auf Glück und Erfolg mit Zeppelin Nr. 3 zu erheben. Die Begegnung mit Graf Zeppelin wiederholte sich, wenn Kummler auf seinen vielen Reisen über Friedrichshafen im Deutschen Hause übernachtete.

Im Laufe des Krieges wurden die Reisen stets beschwerlicher. Die Hotelzimmer und die Züge blieben im Winter ungeheizt. Nur allzu oft verkehrten D-Zugwagen mit zerschossenen Scheiben und ohne Licht. Die Passagiere waren dem eisigen Zugwind ausgesetzt und versuchten, sich mit Gymnastik etwas Körperwärme zuzuführen. Auch das Essen in Hotels und Speisewagen spiegelte die Nahrungsmittelnot.

...und seine langen Schatten

Bereits 1911 hatte ein Komitee von Initianten den interessierten Gemeinden eine Studie für den Bau einer elektrischen Schmalspurbahn von Langenthal über Roggwil, St. Urban und Untersteckholz nach Melchnau unterbreitet. 1913 erfolgte die Gründung der Langenthal-Melchnau-Bahngesellschaft. Präsident war Grossrat Rufener in Langenthal. Ingenieur C. Braun, bisher bei der Rhätischen Bahn beschäftigt, wurde mit der Leitung des Baus der Bahn betraut. Direktor war ein O. Kull. Kummler & Matter wurde der Bau der Kontakt- und Speiseleitung übertragen. Die Arbeit war in der allerschwierigsten Wirtschaftslage der Kriegszeit durchzuführen. Die 16 Kilometer lange Fahrleitung mit zwei Drähten und einer Spannung von 1000 Volt wurde unter Verwendung einer neuen Art von Auslegern gezogen, die Kummler & Matter bei der Langenthal-Jura-Bahn erprobt und mit Patentschutz versehen hatte. Diese waren elegant und leicht, feuerverzinkt und seitlich schwenkbar. Zur Vermeidung unerwünschter horizontaler Wanderung wurde die Leitung alle 500 Meter fest verankert. Das brachte eine wesentliche Gewichtsverminderung, eine Verbesserung des Durchhangausgleichs und niedrigere Kosten. Die Holzmasten wurden nach dem ebenfalls bereits erprobten und patentierten Schwellenfundamentsystem in den Boden eingelassen. Der Mangel an Kupferdraht zwang zum Ersatz durch galvanisierten Eisendraht, der in kurzen Intervallen von einer Speiseleitung in Form eines Seils aus Aluminium versorgt wurde. Die Stromabnehmer waren aus Profil-Flusseisen hergestellt. Zur Verminderung der Abnützung des Schleifkontakts wurde der Fahrdraht im Zickzack angeordnet.

Sogar die Beschaffung des verzinkten Eisendrahtes als Ersatz für Kupfer war mit grossen Schwierigkeiten verbunden. Im Juni 1916 hatte Kummler & Matter über Kägi & Cie. in Winterthur bei Felten & Guilleaume Carlswerk AG in Köln-Mülheim 10 Tonnen dieses Drahts bestellt, lieferbar im Oktober. Als die Lieferung nicht erfolgte, wurde wiederholt gemahnt, doch leider stets vergeblich. Kummler & Matter wies auf den Schaden hin, der daraus erwachse, dass die Bahn, sobald sonst fertig gebaut, wegen fehlender Fahrleitung nicht betrieben werden könne. Da man sich des Eindrucks nicht erwehren konnte, dass sich der Lieferant aus dem Vertrage stehlen wolle, wurde angesichts der Teuerung gar ein Preisaufschlag offeriert. Man wies auch auf die Verbindung zur deutschen Heeresverwaltung hin. Das Carlswerk verlangte schliesslich eine Akontozahlung, lieferte aber noch immer nicht. Am 2. Mai 1917 begab sich Kummler nach Bern zu Bundesrat Schulthess, dem Vorsteher des Volkswirtschaftsdepartementes, um sich mit ihm zu beraten. Schulthess empfahl Kummler, sich persönlich zu Kommerzienrat Guilleaume, dem Chef des Unternehmens, zu begeben, versehen mit einem Empfehlungsschreiben des Politischen Departementes. Daraufhin suchte Kummler Bundesrat Motta auf, der das Empfehlungsschreiben in Auftrag gab und dazu noch einen Ausweis als Kurier des Departementes, um der Mission mehr Gewicht zu geben. Kummler reiste am 7. Mai in Begleitung des Ingenieurs Braun via Schaffhausen–Singen–Gottmadingen–Karlsruhe und Mannheim nach Köln und sprach bei Guilleaume vor, der nicht ganz im Bilde war und einen Oberingenieur zu sich rief. Er bedauerte die Verspätung und verwies auf die kriegsbedingte abnorme Situation, erteilte aber den Befehl zur sofortigen Auslieferung des bestellten Drahtes. Da Kummler vorgab, er dürfe Köln nicht verlassen, bis er sich von der Verfrachtung des Materials persönlich habe überzeugen können, wurde dem Oberingenieur Weisung erteilt, die Schweizer zum Güterbahnhof zu begleiten, wo der Draht verladen werde. Wohl war der Wagen, in den Eisendraht verladen wurde, nach Basel als Transitort angeschrieben, nicht jedoch nach Langenthal. Auf Kummlers Frage, welches denn der Bestimmungsort der Ware sei, wurde ihm Mailand angegeben. Kummler und Braun begaben sich wieder ins Carls-

Langenthal-Melchnau-Bahn: Empfehlungsschreiben für Hermann Kummler zur Eisendrahtbeschaffung 1917 in Deutschland

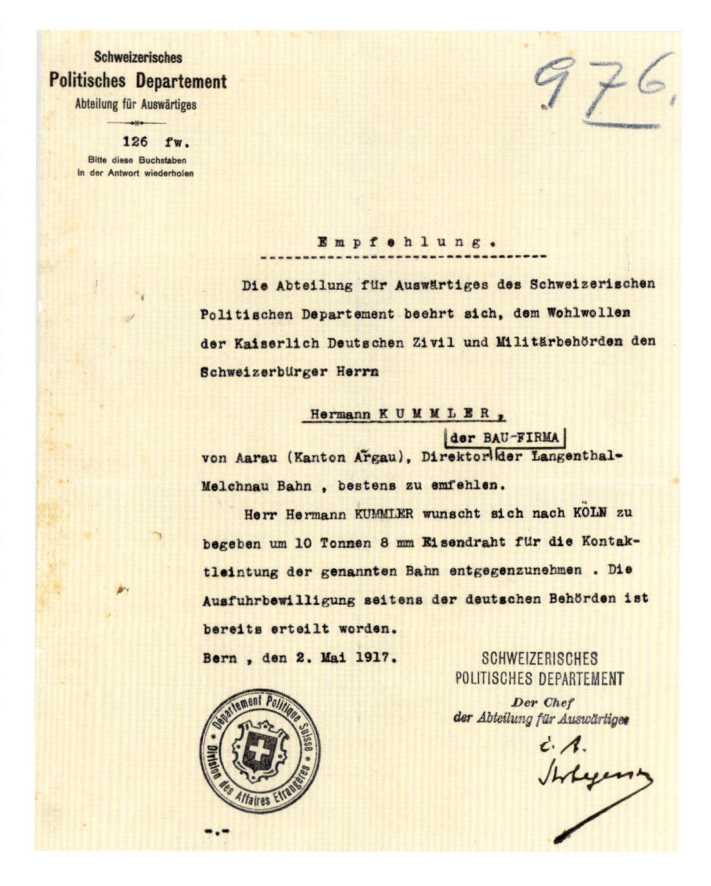

Langenthal-Melchnau-Bahn: Reisepasseintrag für Eisendrahtbeschaffung bei Felten & Guilleaume Carlswerke AG in Köln-Mülheim

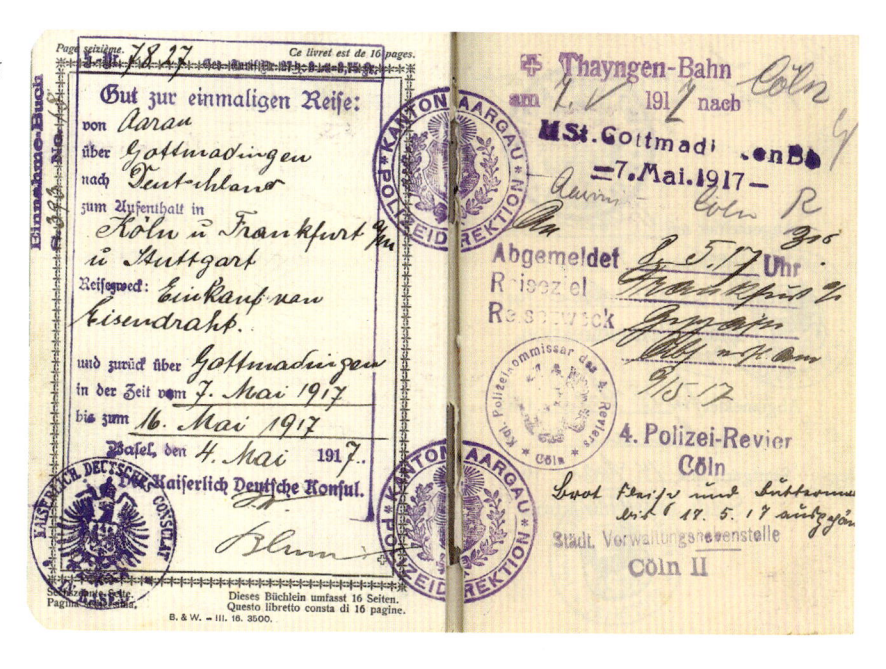

werk, um die neue Situation zu klären. Man sagte ihnen, die Lieferung nach Italien sei derart dringend, dass man sie vorgezogen habe, verspreche jedoch den Abgang des Wagens für die Schweiz auf den 25. Mai und somit noch vor dem 29., dem Verfall der ministeriellen Bewilligung zur Ausfuhr. Den Emissären blieb nichts anderes übrig, als sich auf Treu und Glauben zu verlassen und in die Schweiz zurückzureisen. In der Tat kam der Draht am angegebenen Termine an und wurde umgehend aufmontiert. Am 6. Oktober wurde die Bahn in Betrieb genommen, ohne Verzögerung trotz der verspäteten Lieferung des Drahtes. Im Jahre 1925 ersetzte man dann den Eisen- durch Kupferdraht.

Im Anschluss an das am 1. Oktober 1921 in Kraft getretene Gesetz über die Arbeitszeit, das den Arbeitstag für die Schweiz im Alleingang auf acht Stunden reduzierte, prognostizierte Kummler schwerwiegende Folgen für die Rentabilität der Bahnen, verwies auf die Entwicklung des Automobils bei gleichzeitiger Erhöhung der Bahntarife und warf die Frage nach der Rentabilität der Strassen auf.

Noch während die Langenthal-Melchnau-Bahn im Bau begriffen war, wurde Kummler & Matter mit dem Leitungsbau der Solothurn-Niederbipp-Bahn betraut, die sich mit 17 Kilometern Leitungslänge organisch in das Netz der Solothurn-Bern- und der Langenthal-Jura-Bahn einfügte. Die Solothurn-Niederbipp-Bahn wurde als Schmalspurbahn für 1100 Volt Gleichstrom konzipiert. Auf Stadtgebiet von Solothurn wurde für die Fahrdrahtfixierung die Vielfachaufhängung gewählt. Die Masten, versetzt in Distanzen von 50 Metern, trugen ein isoliert geführtes Tragseil, an dem alle sechs Meter durch horizontal hängende Drähte der Fahrdraht befestigt wurde, dessen Hängekurve äusserst flach verlief und damit höhere Geschwindigkeit ermöglichte. Über Land kamen Masten aus Holz und auf Stadtgebiet Betonträger zur Verwendung.

Am 13. November 1918, als sich die soziale Spannung ihrem Höhepunkte näherte und ein geplanter Anschlag auf Aaraus bedeutende Militäranstal-

Holzmasten mit Profileisen

Brücke Aarwangen: Holzmasten mit Profileisen und Gasrohrjoche mit Quer-Tragdrähten

Fahrleitungsbau Kummler & Co. sowie Kummler & Matter. Entwicklung der Aufhängesysteme ab 1907:
Einfachaufhängungen: Linke Seite: Langenthal-Jura-Bahn (LJB) 1907 (siehe S. 29f.). Ausleger aus gebogenem Profileisen mit oberem Zugdraht oder Querdrähte. Holzmasten oder Gasrohrjoche.
Rechte Seite: Bremgarten-Dietikon-Bahn (BDB) 1911 (siehe S. 41). Umbau von Trolley- auf Bügelsystem bei laufendem Betrieb.

Neue Abspannvorrichtungen in der engen Kurve beim Bellevue am Mutschellen für die beschränkte Reichweite der Bügelbreite und verlängerte Drahthalterbolzen an der Queraufhängung für Bügelbestreichung.

Kreuzungsstück mit der Limmattal-Strassenbahn

Erste Vielfachaufhängung: *Solothurn-Bern-Bahn (ESB) 1915 (siehe S. 41) mit Differdinger Profileisenmasten, 60 m Spannweite, alle 10 m Hängedrähte, Distanzhalter für Fahrdraht an den Masten, Nachspann- und Längsverankerung mit Streckentrennung kombiniert.*

Streckentrennung mit Abspannvorrichtung

Links: LJB altes System, rechts: LMB neues System, beides bei der Abzweigung km 0,9

Schwenkbare Einfachaufhängung: *Bei der Langenthal-Melchnau-Bahn (LMB) 1917 (siehe S. 51) wurden an Stelle der starren Profileisenausleger in Fahrtrichtung schwenkbare Gasrohrausleger - mit Zugdraht oder Gasrohrstreben für Kurven auf Druck – montiert. Dies entsprach der 1916 von Kummler & Matter durch Chefmonteur Widmer und Ing. Roth auf der Langenthal-Jura-Bahn eingerichteten Versuchstrecke. Patent 72784.*

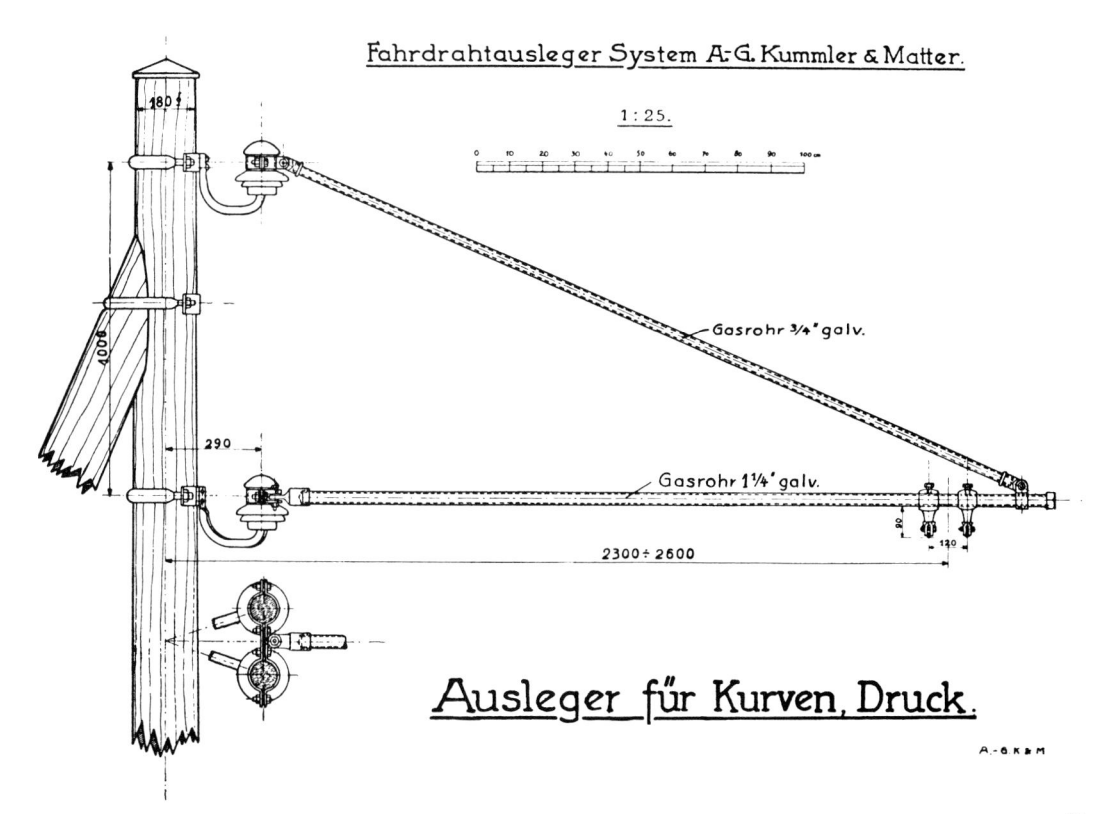

Fahrdrahtausleger System A.-G. Kummler & Matter.

1 : 25.

Gasrohr ¾" galv.

Gasrohr 1¼" galv.

2300 ÷ 2600

Ausleger für Kurven, Druck.

Linke Seite: LMB mit neuem System auf offener Strecke.

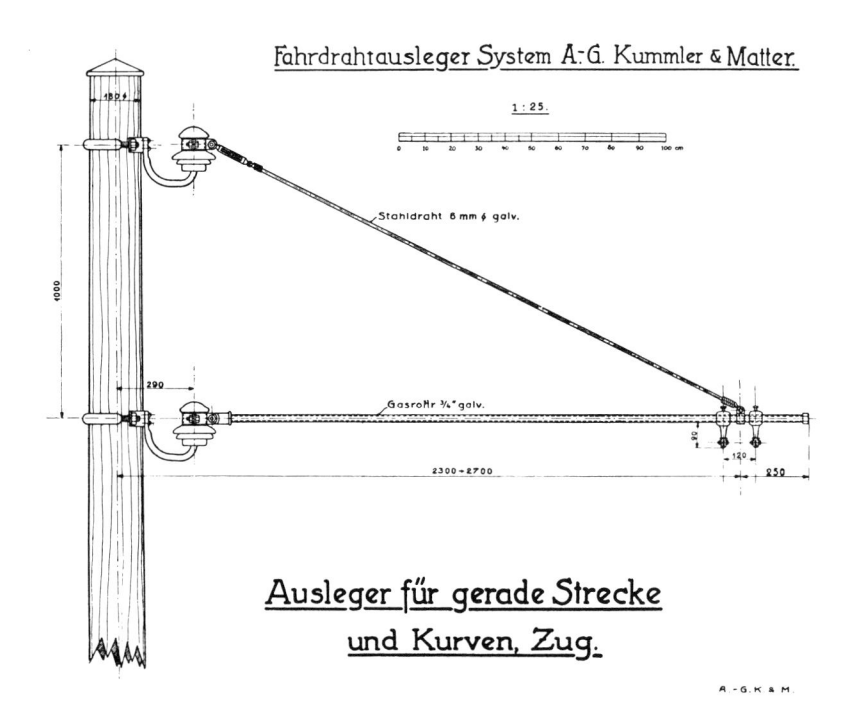

Fahrdrahtausleger System A.-G. Kummler & Matter.

1 : 25.

Stahldraht 8 mm ⌀ galv.

Gasrohr ¾" galv.

Ausleger für gerade Strecke und Kurven, Zug.

A.-G. K. & M.

Rechte Seite:
Schwenkbare Vielfachaufhängung:
Solothurn-Niederbipp-Bahn SNB (siehe S. 53): Auf Stadtgebiet und bis km 5,27 Verwendung des dem LMB- entsprechenden Kummler & Matter-System. Unten: über das Trottoir hinausragende verlängerte Auslegervariante. Ab km 5.27 Einfachaufhängung System Kummler & Matter

Normaler Ausleger für Vielfachaufhängung.

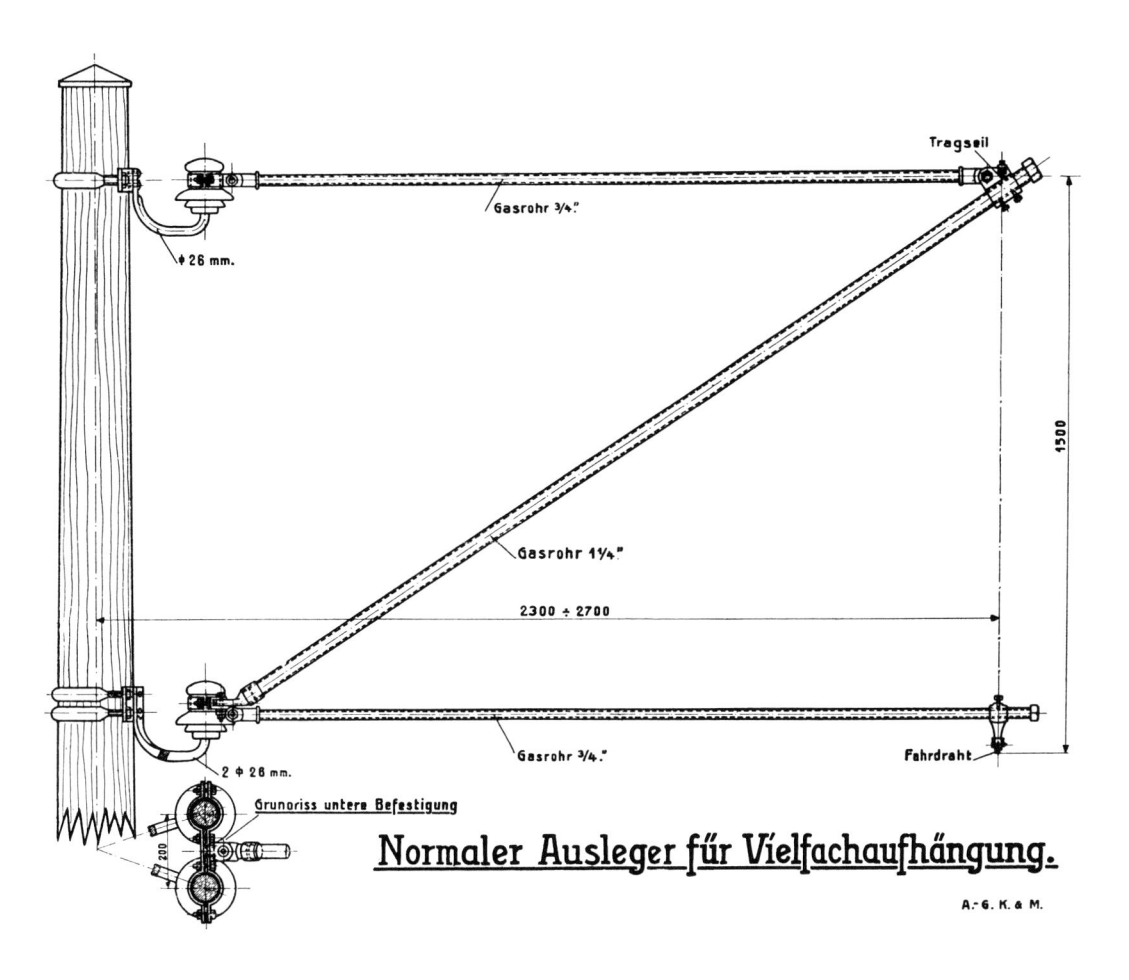

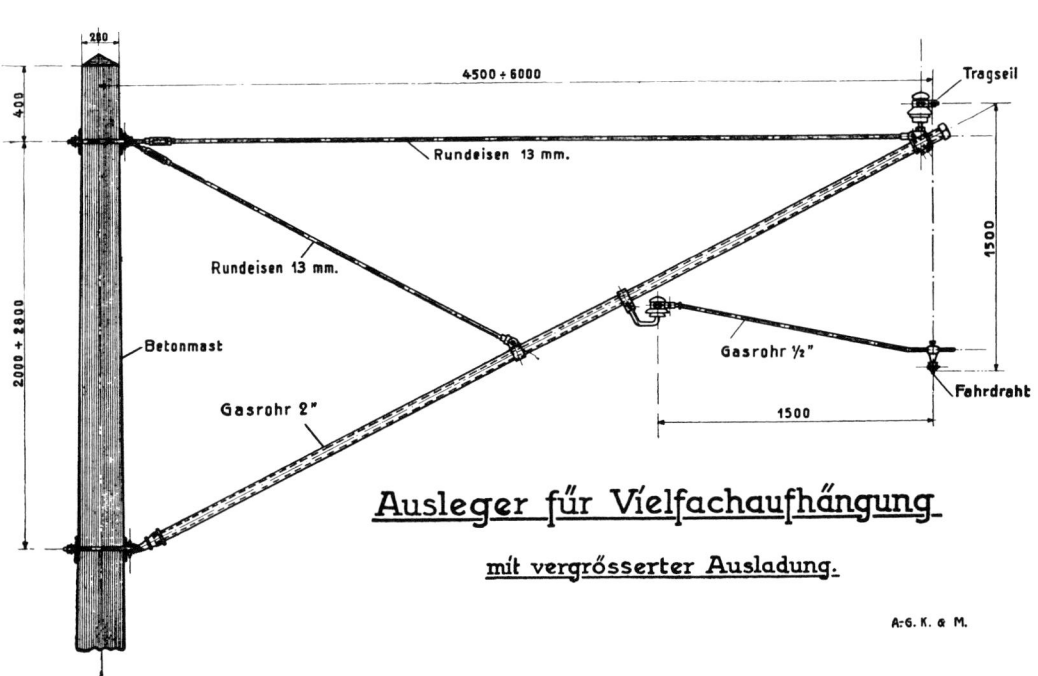

Ausleger für Vielfachaufhängung

mit vergrösserter Ausladung.

ten im letzten Moment verhindert werden konnte, vor der Firma Kern & Co. ein Radau ausbrach und die Metallarbeiter der Firmen Kern, Aeschbach und Kummler & Matter in den Ausstand traten, wurde Kummler von der Aarauer Arbeitgeberschaft mit der Koordination der Massnahmen zum Schutze der Betriebe und dem Geleit für die Arbeitswilligen betraut. Er richtete in seinem Haus an der Herzogstrasse die Zentrale ein und organisierte ein Kommunikationssystem mit Meldefahrern. Abgesehen von kleineren Scharmützeln ohne Schussabgabe zwischen Streikenden und Polizei, konnten ernsthafte Konfrontationen auf dem Platz vermieden werden. Ein Versuch, von Aarau her Arbeiter auf der Strecke der Rhätischen Bahn zum Streike aufzumuntern, misslang.

Für die Auslastung des Betriebes in den langen Jahren, in denen Europa vom Krieg gezeichnet war, wurde Kummler & Matter die Rechnung in Form der Sondersteuer für den Kriegsgewinn präsentiert. Der Konflikt, der sich bei der Veranlagung ergab, betraf vor allem die Abschreibungen auf den Maschinen, die nur der Munitionsherstellung gedient und rund um die Uhr im Einsatz gestanden hatten. Kummler musste dafür kämpfen, dass hierauf nicht Normalansätze angewendet wurden. Ein weiterer Punkt betraf die Abschreibung des Verlustes, der sich nach dem Zusammenbruch des Deutschen Reiches aus dem Stuttgarter Geschäft ergab, sowie der übrigen kriegsbedingten unbezahlten Forderungen, die Kummler & Matter besonders gegenüber Frankreich hatte. Die Verhandlungen mit der Kommission hatten zu Beginn in einem denkbar schlechten Klima stattgefunden. Kummler war von einem Mitglied des eidgenössischen Gremiums als Betrüger bezeichnet worden, worauf er seine Akten eingepackt, sich erhoben, Hut und Mantel vom Ständer genommen und sich verabschiedet hatte. Nachdem ihn der Präsident gebeten hatte, wieder Platz zu nehmen, konnte das Gespräch auf sachliche Argumentation ausgerichtet werden. Schliesslich wurde Kummler & Matter eine Reduktion der auferlegten Steuer zugebilligt.

Rhätische Bahn: Bauzug Kummler & Matter mit Lok G 3/4 15 zwischen Tavanasa und Trun, Tiraun-Tunnel, km 59 900, Winter 1921/22

Die grossen Leitungsnetze der Nachkriegszeit

*Rhätische Bahn:
Fahrleitungsbau
durch Kummler &
Matter 1918/22:
Bever-Filisur-Thusis
1918/1919
Thusis-Chur-Landquart 1920/21
Reichenau-Disentis
1921/22*

Albulastrecke, ein Bauzug auf der Fahrt über den Landwasserviadukt

Rhätische Bahn

Der Verwaltungsrat der Rhätischen Bahn (RhB) hatte schon 1910 beschlossen, die neu gebaute Linie von Bever nach Scuol als Versuchsbetrieb elektrisch auszurüsten, zusammen mit den schon bestehenden Linien nach Samedan–St. Moritz und Pontresina. Die RhB leistete damit als erste grosse Bahn Pionierarbeit. Die hohen Preise der Vorkriegszeit für die Umstellung von Dampf auf Strom hatten zunächst verhindert, dass man dem Beispiel folgte. Mit dem Kriege, der zur massiven Steigerung des Kohlenpreises und zur Knappheit dieses Brennstoffs führte, kam die grosse Wende. Doch standen dem Willen zur raschen Elektrifikation der Mangel an Stromkraftwerken und die langen Lieferfristen für die Lokomotiven als Hindernis im Wege. Möglichkeiten zur beschleunigten Umrüstung boten sich nur dort, wo an bestehende, schon umgestellte Linien angeschlossen werden konnte. So entstanden die beiden sogenannten «Not-Elektrifikationen» der SBB-Linie von Bern nach Thun im Anschluss an die Lötschbergbahn und der Linie von Brig nach Sitten im Anschluss an den Simplontunnel. Auch die Rhätische Bahn war auf Grund der 1913 durchgeführten Elektrifikation der Engadiner Linien in der Lage, Strom

Bild links: Hermann Kummler (im Mantel) inspiziert die Installationen im Winter 1918/19, Station Bergün, Ausfahrkurve Seite Muot

Kummler mit Bahnmeister, Tochter Elsa und Sohn Alfred oberhalb Station Muot, Schutzpfeiler aus Beton

Reichenau: rechts Abzweigung Richtung Disentis. Fahrleitung in Leichtbauweise mit Auslegern Patent Kummler & Matter (s. S. 57f.)

und Lokomotiven auf anderen Strecken einzusetzen. Die Verantwortlichen entschlossen sich im Frühjahr 1918, die Linie Bever–Filisur umzurüsten und gleich anschliessend auch jene von Filisur nach Thusis und nach Davos zu elektrifizieren.

Kummler & Matter wurde die Umstellung der gesamten Strecke von Thusis nach Bever übertragen. Später folgten jene von Thusis über Chur nach Landquart und von Reichenau nach Disentis. Für die Strecke von Landquart über Klosters, Davos nach Filisur wurde von Kummler & Matter das Material geliefert. Die Länge der montierten Fahrleitung betrug 174 Kilometer. Zwischen Thusis und Bever waren 16 Kilometer Tunnelstrecken mit Fahrdraht zu versehen, der Albulatunnel mit 5865 Meter Länge eingeschlossen. Das Kraftwerk Brusio lieferte den Strom für die Strecken im Engadin und die nachträglich umgestellten nach Thusis und Davos. Zur Materialersparnis angesichts der kriegsbedingten Knappheit wie auch aus Kostengründen kamen auf der ganzen Strecke mit Ausnahme grösserer Stationen Lärchenmasten zur Verwendung, die auch ohne Imprägnation in hohem Masse dem Wetter widerstanden. Die Fundamente wurden so gebaut, dass sie einen späteren Wechsel auf Masten aus Metall gestatteten. Auf offener Strecke waren in exponierten Hängen Lawinenbrecher aus Holz oder Stein zum Schutz der Leitungsmasten anzubringen. Für die Herstellung von Isolationsgarnituren, Gelenkstücken und Klemmen war bis anhin Messing und Bronze verwendet worden. Die Knappheit dieser Materialien und deren hoher Preis hatten dazu geführt, dass an deren Stelle galvanisiertes Eisen verwendet wurde. Der Fahrdraht war aus Kupfer und wurde bei der Firma Selve hergestellt, wo auch der Draht für die SBB gezogen wurde. Das war der Grund für die Umstellung des Profils auf das von den SBB gewählte amerikanische System. Um einer Rostkorrosion vorzubeugen, wurde das Tragseil in den Tunnels ebenfalls aus Kupfer hergestellt. Die Nachspannung des Fahrdrahtes erfolgte nach RhB-Patent durch frei hängende Gewichte, die im Abstand von 750 Metern angeordnet waren. Besondere Vorkehren waren zum Ausgleich von Temperaturschwankungen angezeigt. Die Speiseleitungen wurden an den Stationen so in die Fahrleitung eingeführt, dass jeder Abschnitt der Strecke zwischen den Stationen als Block ein- oder ausgeschaltet werden konnte.

Das für den Leitungsbau an der Albulastrecke bestimmte Material wurde in Aarau hergestellt, in Einzelteilen transportiert und in einer eigens dafür errichteten Werkstatt in Bergün für den Endeinbau montiert. Kummler & Matter standen eine grosse Zahl von Güterwagen, die, zu Montagezügen umgebaut, im Einsatz waren, und mehrere Dampflokomotiven zur Verfügung, damit die Arbeit beschleunigt werden konnte. Kummler benützte zur Inspektion der Arbeit auf der Strecke talwärts fahrend eine Handdraisine. Am 19. April 1919 konnte der elektrische Betrieb zwischen Bever und Filisur fahrplanmässig aufgenommen werden, nachdem trotz des strengen Winters unermüdlich gearbeitet worden war. Auch auf dieser Strecke hatten Schwierigkeiten bei der Lieferung von Isolatoren und von Kupfer die Fertigstellung unliebsam verzögert. Die Eidgenossenschaft hatte bei der Kupferlieferfirma Aubert, Grenier & Cie. den Grossteil des Kupfers requiriert und den für die RhB bestimmten Teil erst nach Intervention von Kummler und einem Vertreter der Bahn wieder freigestellt. Die Kollaudation fand am 15. April statt mit Extrazug ab Filisur

Fahrleitungseinzug bei der Station Sils i.D., Seite Solis

Bild Mitte links: Station Tiefenkastel, Richtung Thusis

Bild Mitte rechts: Station Alvaneu, Ausfahrt Richtung Surava

Station Alvaneu

Zwischen Tiefenkastel und Surava, km 56    *Breitrüfe zwischen Wiesen und Filisur, km 66*

*Spinne auf der Drehscheibe vor
dem Rundschuppen in Landquart*

Unterhalb Filisur, Richtung Alvaneu *Richtung Filisur*

Fahrleitungsbau Rhätische Bahn, 1921/22 Reichenau-Disentis nach der Station Sumvitg-Compadials

*Albulatunnel-Portal Spinas,
Dampflok G 3/4 vor Montagezug
Kummler & Matter*

Einweihung der elektrifizierten Albulastrecke im April 1919, Station Filisur, Oerlikoner 1-D-1 der Serie Ge 4/6 353-355, nachträglich mit elektrischer Bremse ausgerüstet

und Halt auf allen Stationen. In Bergün brachte das Personal von Kummler & Matter den Gästen ein Ständchen mit Vaterlandsliedern dar. Man fuhr weiter nach Bever und ohne Halt zurück nach Filisur, wo das Festbankett auf die Gäste wartete.

Für die Strecke von Filisur nach Thusis war Kummler & Matter verpflichtet worden, zur Milderung der regionalen Arbeitslosigkeit Eisenkonstruktions- und Malerarbeiten sowie die Erstellung von Speiseleitungen abseits der Bahn an das Bündner Gewerbe zu vergeben. Die Unruhen des Herbstes 1918 hatten die Bündner Grossbaustelle nicht erfasst. Wohl hatte sich ein Gewerkschaftssekretär nach Filisur begeben, einen Saal gemietet und zu einer Versammlung aufgerufen. Er blieb jedoch allein mit Kummler und dem Montageleiter, die im Vorraum assen.

Die Werkstätte wurde für diese Strecke von Bergün nach Filisur verlegt. Am 15. Oktober 1919 wurde auch dieser Abschnitt mit Elektroloks befahren. Zusammen mit den beiden letzten Strecken im Unterland und bis Disentis hatte Kummler & Matter fast das ganze Netz der RhB elektrifiziert. Kummler wies auf den grossen Vorteil hin, der für den Auftraggeber und das Unternehmen aus dieser Konzentration der Kräfte erwachsen sei. Seine Firma habe mit dieser grossen Arbeit den Beweis ihrer Leistungsfähigkeit erbracht. Er würdigte in seinem Bericht die Verdienste von Chefbauleiter Johann Widmer, der Ingenieure Roth und Lang und insbesondere die überaus konstruktive Haltung von Direktor Bener der RhB, dem er sich nach vier Jahren gemeinsamer Arbeit freundschaftlich verbunden fühlte. Am 17. Mai 1922 fand im Hotel Steinbock in Disentis eine Feier zur Einweihung der gesamten Elektrifikation des Netzes statt, die tags darauf mit einer Extrafahrt nach St. Moritz und einem Bankett im Hotel Bernina in Samedan fortgesetzt wurde. Im April 1924 gab Direktor Bener namens der RhB Kummler & Matter bekannt, dass man die Dampflokomotiven günstig abgestossen habe und damit in der Lage sei, den Restbetrag termingerecht zu überweisen, und sprach nochmals seinen Dank für die geleistete Arbeit und das äusserst gute Einvernehmen aus. Von etwa 19 Millionen Franken Kosten für die gesamte Elektrifikation entfielen rund 12 Millionen auf den Leitungsbau. Elf Elektroloks waren für 5,3 Millionen Franken von BBC und der SLM geliefert worden.

Scheidegg- und Fricktalbahnprojekte – Wasserwirtschaft

Kummlers Projekt einer «Überschienung», wie man das damals nannte, der Grossen Scheidegg von Meiringen über die Schwarzwaldalp nach Grindelwald hatte sich nicht finanzieren lassen. Die Pläne sind leider nicht erhalten.

Konkreter war das Projekt einer Fricktal- oder Staffeleggbahn, für die sich weite Kreise engagierten. Sie hätte den mit dem Bau der Bözbergbahn verkehrsmässig nach Basel orientierten nördlichen Teil des Kantons wieder stärker an die Kantonshauptstadt und die südlichen Bezirke binden sollen. Kummler, dem diese Bahnverbindung besonders am Herzen lag, wurde in den Vorstand der Aargauischen Eisenbahnvereinigung gewählt, die 1921 zur zielbewussten Förderung aller Bahnbestrebungen im Kanton, namentlich der Fricktalbahn, gegründet worden war. An dieser Stelle sei auch vermerkt, dass Kummler schon 1926 direkte Züge Basel–Aarau–Arth-Goldau unter Umfahrung Oltens gefordert hatte. Bis zur Direktverbindung Basel–Aarau sollte es noch einige Jahrzehnte dauern.

Über den Kraftwerkbau war Kummler an der Wasserwirtschaft in hohem Masse interessiert und aktiv am Aargauischen Wasserwirtschaftsverband beteiligt, dessen Generalversammlung er 1920 in Basel präsidierte. Er nahm in diesem Verband die privaten Interessen am Ausbau der Wasserkraftgewinnung wahr, die vom regierungsrätlichen Präsidenten zum Missfallen Kummlers «in üblicher Weise unter den berüchtigten Briefbeschwerer gelegt und vergraben worden» seien. Er war später stets Verfechter eines Ausbaus der Binnenschifffahrt in den Mittellandgewässern. Er hatte auch zu jener Zeit schon die Öffnung der einheimischen Stromproduktion für den Export ins Ausland zur Verbesserung der Handelsbilanz des Landes vehement gefordert.

Im Juni 1922 erhielt Kummler die Nachricht von der Ermordung Walther Rathenaus, damals Minister der Weimarer Republik, der ihn einst im Auftrag seines Vaters Emil Rathenau in ausgedehnter Weise durch den Betrieb der AEG geführt und den er später hin und wieder bei der AEG getroffen hatte.

Das grosse Zögern bei den SBB

Bald nach der Gründung der Schweizerischen Bundesbahnen und der Verstaatlichung der Hauptbahnen, der Centralbahn, der Nordostbahn, der Vereinigten Schweizerbahnen, der Jura- und der Simplonbahn sowie der Gotthardbahn, im Jahre 1902 war die Frage aufgeworfen worden, ob es nicht zweckmässiger wäre, an Stelle des Bezuges ausländischer Kohle für Millionen von Franken die einheimische Wasserkraft zu nutzen und auf diese Weise auch Unabhängigkeit von der Schwankung der Kohlenpreise zu erlangen. In der Generaldirektion der SBB erwuchs auch nur schon gegen die Fragestellung erheblicher Widerstand. Anregungen, die in diese Richtung gingen, wurden mit abschätzigen Glossen abgetan. Der Grund lag wohl zunächst darin, dass sich die Geschäftsleitung vor der Verantwortung für das Wagnis der noch kaum erprobten Neuerung drücken wollte. Im Hintergrund aber lauerte der Verdacht, dass die Beziehungen zum Kohlengrosslieferanten Hirter eine Rolle spielen könnten. Unter dem Druck der Fachwelt und der Öffentlichkeit wurde im Jahre 1904 auf Anregung von Professor Wyssling und Dr. Tissot eine Studienkommission für den elektrischen Bahnbetrieb ernannt mit Vertretern der SBB, des Eisenbahndepartementes, des Schweizerischen Elektrotechnischen Vereins und des Verbandes schweizerischer Elektroinstallations-Firmen, der Konstruktionsfirmen und anderer interessierter Kreise. Im Mai 1912 erstattete die Kommission Bericht. Auf Grund von Versuchen im In- und Ausland wurde für die SBB Einphasen-Wechselstrom von etwa 15 Perioden und einer Fahrdrahtspannung von 15 000 Volt empfohlen. 1913 stellte die Generaldirektion der SBB dem Verwaltungsrate Antrag, die 110 Kilometer lange Strecke Erstfeld–Bellinzona für den elektrischen Betrieb zu rüsten. Zusammen mit dem Bau der Werke Amsteg und Ritom rechnete man mit Kosten von insgesamt 30 Millionen Franken. Mit dem Ausbruch des Krieges und dem gravierenden Kohlenmangel wuchs der Druck auf die Verantwortlichen der SBB, die Elektrifikation am Gotthard zügig und dann auch im ganzen Netz auf breiter Basis endlich aufzunehmen. Vorwürfe wegen der Verschleppungstaktik fehlten nicht: Nach den guten Erfahrungen im Simplontunnel und bei Nebenbahnen sei die Politik der SBB überhaupt nicht mehr verständlich. Auf den 14. Dezember 1915 wurde auf Veranlassung des Schweizerischen Wasserwirtschaftsverbandes und des SEV zu einer Versammlung in den Berner Grossratssaal eingeladen. SBB-Generaldirektor Sand warf erneut die Frage auf, ob das gewählte Stromsystem wirklich das richtige sei. Angesichts der Zweifel habe man vorerst nur drei Millionen Franken freigestellt und als Erstes die Standseilbahn von Piotta zum Ritomsee ins Bauprogramm aufgenommen. Damit sei bezüglich des Systems nichts präjudiziert. Die Versammlung fasste einstimmig eine Resolution, wonach ein baldiger Umbau der Gotthardstrecke und der Zufahrtslinien sowie der Simplonzufahrten erwartet werde. An der Politik der SBB änderte sich indessen auch künftig kaum etwas. Die Elektrifikationsarbeiten am Gotthard kamen erst nach Beendigung des Krieges so recht in Schwung. 1915 war der Preis der Kohle von 27 auf 32 Franken pro Tonne angestiegen und erreichte 1916 um die 90 Franken. Die Vorwürfe an die Adresse der Verantwortlichen der SBB waren bitter und massiv: Sie hätten sich Wasserkräfte gesichert und diese stillgelegt, um das private Unternehmertum fernzuhalten, und ihm und der Arbeiterschaft damit in Zeiten der Wirtschaftsdepression Entwicklungsmöglichkeit entzogen und die Elektrifikation verhindert. Sie trügen schliesslich auch die Schuld dafür, dass man zu den höchsten Kohlenpreisen Betriebsstoff vom Ausland habe kaufen müssen.

Unverständlich war zudem, dass die SBB auf der Gotthardstrecke eigenes, für die Elektrifikationsarbeit noch ungeschultes Personal betrauten, ohne Beizug privater Unternehmer, die mit dem notwendigen Wissen und Fachkräften ausgerüstet waren. Eine auf Anregung Kummlers von Nationalrat Conradin Zschokke eingereichte Motion zur Übertragung der Leitungsbauarbeiten an Private wurde angenommen, nicht jedoch die Anregung zur Übertragung von Arbeiten im Schwachstromnetz der PTT, da inzwischen vom eidgenössischen Telefon- und Telegrafenpersonal dagegen Sturm gelaufen worden war.

Als die Generaldirektion der SBB ihre Haltung endlich geändert hatte, wurde 1918 die Elektrifikation der Strecke von Brig nach Sitten im Anschluss an den Simplontunnel zur Ausführung vergeben, davon der Abschnitt Leuk – Sitten mit 56 Kilometern Leitungslänge an Kummler & Matter. Auf dieser Einspurstrecke wurden die beiden Fahrdrähte an Holzmasten mit Betonfüssen in Einfachaufhängung befestigt. Die Mastdistanz betrug 20 Meter. Da – wie erwähnt – zufolge der prekären Lage die Einrichtungen des Simplontunnels ausgenützt werden sollten, wurde die Strecke provisorisch für Dreiphasen-Wechselstrom gerüstet.

SBB: «Notelektrifikation» der Strecke Brig–Sitten mit Simplontunnel-System, Fahrleitungsbau durch Kummler & Matter auf der Strecke Leuk–Sitten

Neuer Schwung mit der Ära Schrafl

Inzwischen hatten die SBB ein umfassendes Elektrifikationsprogramm entworfen, das, in drei Gruppen unterteilt, auf einen Zeitraum von 30 Jahren ausgelegt und mit 750 Millionen Franken veranschlagt worden war. Das nachfolgende Gerangel um Prioritäten führte dann dazu, dass man versuchte, den Zeitplan noch zu straffen. Das aber hing ganz von den Finanzierungsmöglichkeiten ab, auf die die ursprünglich vorgesehenen 30 Jahre ausgerichtet worden waren. Man rechnete mit einem Energiebedarf von 200 000 HP, von denen 150 000 bereits verfügbar waren. Im Vordergrund stand die Umrüstung der besonders kohlefressenden und rauchgeplagten beiden Gotthardrampen. Diese konnten denn auch 1921 und die ganze Strecke von Luzern bis nach Chiasso 1922 in Betrieb genommen werden sowie die Strecke Luzern–Olten–Basel zwei Jahre später. Nebst dem Wegfall der lästigen Rauchemission, namentlich in den vielen Tunnels, konnten auch die Fahrzeit von Basel nach Chiasso von über 10 Stunden auf die Hälfte reduziert und die Zugslasten erheblich gesteigert werden.

SBB-Strecke La Conversion–Grandvaux: Leitungsbau durch Kummler & Matter 1922/25 (Nachspannvorrichtung)

1922 wurde der bisherige Kreisdirektor Schrafl in die Generaldirektion der SBB gewählt, womit nach Kummler, in Anspielung auf den abtretenden Generaldirektor Sand, die «Versandung» der Elektrifikation ein Ende nahm und der Vertrauensschaden, den die SBB erlitten hatten, rasch beseitigt werden konnte. 1926 wurde Schrafl zum Präsidenten dieses Gremiums ernannt.

1923 legte die Generaldirektion ein Beschleunigungsprogramm für die Hauptlinien des nationalen Netzes vor, deren Fertigstellung bis 1928 statt 1933 vorgesehen war. Der Beschleunigungskredit von 60 Millionen Franken wurde vom Parlament gesprochen.

In diesen Jahren baute Kummler & Matter für die SBB die Fahrleitungen Arth-Goldau–Zug, Lausanne–Sion, Bahnhof Thun, Aarau–Brugg, Bahnhof Olten, Olten–Aarburg, Bahnhof Bern, Daillens–Yverdon, Langenthal–Burgdorf, La Conversion–Grandvaux, Solothurn–Grenchen, Bahnhof Chur und Teile der Strecke Zürich–Luzern. Dazu kamen Kraftübertragungsleitungen. 1927 bestätigte SBB-Generaldirektor Schrafl der Firma Kummler & Matter namens der SBB, «dass wir seit Beginn der Einphasenelektrifizierung der schweizerischen Bundesbahnen Sie als ältestes schweizerisches Unternehmen für Leitungsbau in weitgehendem Masse zum Bau unserer Übertragungs- und Fahrleitungen herangezogen haben...».

Die Fahrleitung für Wechselstrom zu 15 000 Volt Spannung wurde vielfach aufgehängt und mit Gewichten nachgespannt. Das Tragwerk bestand aus Eisenmasten mit Querträgern und Auslegern. Die normalen Mastdistanzen betrugen 55 oder 100 Meter. Der Fahrdraht wies über den Hauptgeleisen 107 und über Nebengeleisen 57 Quadratmillimeter Querschnitt auf. Als Tragseil dienten verzinkte Stahl-

Kummler & Matter Fahrleitungsbau für die SBB ab 1922.
Namentlich die Bahnhöfe stellten hohe Anforderungen, obschon durch die Einführung des Wechselstroms die durch den dreiphasigen Drehstrom bedingten Komplikationen wegfielen. Diese hatte Kummler & Co. bei den von ihr erbauten Anlagen in den Bahnhöfen Brig und Iselle zu lösen gehabt. Unter vielen anderen Bauten wurde durch Kummler & Matter 1923/24 der Bahnhof Olten mit 50 km Leitungslänge ausgestattet.

Noch herrscht auf diesem Bild Dampfbetrieb im Bahnhof Olten! Im Vordergrund: schwere Streckentrenner mit Glasisolatoren. Links: Abspannmast. Zu beachten sind die Doppelleitungen.

Tragjoch. Der rechte Mast mit Abspannfunktion ist um 90 Grad gedreht und mit einer Spannstange zusätzlich gesichert. Im Hintergrund: die Fabrik für Berna-Motorlastwagen.

Schweres Abfang- und Tragjoch mit Abspanngewichten. Rechts noch der Wasserturm des Dampfzeitalters.

Ausfahrt Seite Aarburg. Der Spurhalter für das Geleise links ist an einem Schnabelausleger befestigt, der keine Tragfunktion hat. Der hintere Mast hat Tragfunktion für die Fahrleitung und trägt in der Mitte einen zweiseitigen Spurhalter.

seile oder Bronzeseile von 50 Quadratmillimetern Querschnitt. Die Hängedrähte aus Bimetall weisen 4 Millimeter Durchmesser auf. Die Hilfs-, Umgehungs- und Speiseleitungen bestanden aus Kupferseilen von 95 und Aluminiumseilen von 150 Quadratmillimetern Querschnitt. Kupferkabel, am Schienenkopf angeschweisst, verbanden die Schienen.

Die SBB hatten Kummler & Matter schon 1925 der Deutschen Reichsbahn-Gesellschaft in München für den Bahnleitungsbau empfohlen. Kummler hatte die Expansion in diesem Sektor auf den süddeutschen Raum geplant, um einem in Aussicht stehenden Unterbruch in der Elektrifikation der SBB zuvorzukommen. Doch war die finanzielle Lage der Reichsbahn derart angespannt, dass sie massenhaft Personal entlassen musste und Elektrifikationsprojekte vorerst sistierte. Erfreulicherweise dauerte die Pause bei den SBB nicht lange. 1926 bis 1928 wurden Kummler & Matter die Strecken Pratteln–Brugg, St. Gallen–Rorschach und Oberaach–Romanshorn–Rorschach zur Elektrifikation und Arbeiten auf den Linien Fribourg–Romont, Däniken–Rupperswil, Rupperswil–Hendschiken und Bern–Neuenburg übergeben.

Kummler war 1926 an der Vorbereitung der Internationalen Ausstellung für Binnenschifffahrt und Wasserkraftnutzung in Basel aktiv beteiligt, die vom Völkerbund, internationalen und nationalen Verbänden getragen wurde. Kummler & Matter bot sich damals die einmalige Gelegenheit, an einem Gemeinschaftsstand mit den SBB dem Publikum zu zeigen, in wie hohem Masse das Unternehmen an der Elektrifikation der SBB beteiligt war. In der Tat hatte Kummler & Matter unter Kummlers Leitung bis 1926 445 Kilometer Fahrleitung für die SBB gezogen.

Kummlers Engagement an Messen und Kongressen hatte der Firma stets Gelegenheit gegeben, ihre Marktpräsenz vor Gästen aus dem In- und Ausland zur Schau zu stellen. So hatte er sich, als sich im Oktober 1916 ein Komitee mit der Gründung einer Schweizer Mustermesse zur Förderung einheimischen Schaffens befasste, sofort engagiert und war in den Vorstand der 1920 gegründeten Genossenschaft berufen worden.

Die Mustermesse und deren Exponent, Dr. Meile, hatten in der Folge bei seiner Tätigkeit einen hohen Stellenwert. Kummler & Matter war an dieser Schau stets repräsentativ vertreten und Kummler durfte an diesem Stand viel Prominenz empfangen.

Sihltalbahn: Leitungsbau durch Kummler & Matter 1923/24 mit normaler Fahrleitung.

Und nochmals die privaten Bahnen

1919/20 erstellte Kummler & Matter auf der 22 Kilometer langen Strecke von Spiez nach Bönigen – die Strecke Interlaken Ost–Bönigen existierte damals noch – die Fahr- und Speiseleitungen in Vielfachaufhängung mit Nachspannung durch Gewicht. Das Stromsystem war Wechselstrom mit einer Spannung von 15 000 Volt. Ebenfalls in jener Gegend und in identischem System wurde in den gleichen Jahren die 10 Kilometer lange Strecke Zweisimmen–Weissenbach der Erlenbach-Zweisimmen-Bahn für den elektrischen Betrieb eingerichtet. Im Schmalspurbereich baute Kummler & Matter 1920 die Fahr- und Speiseleitung auf der 13 Kilometer langen, auf französischem Gebiete liegenden Strecke von La Cure nach Morez der Nyon-St-Cergue-Morez-Bahn für Gleichstrom mit 2200 Volt. 1921 folgte die Elektrifikation der Bahn von Frauenfeld nach Wil mit 21 km Leitungslänge, Vielfachaufhängung und Gewichtsnachspannung auf freier Strecke für Gleichstrom mit 1200 Volt. 1922 wurden die Leitungen für die Basellandschaftliche Überlandbahn von Muttenz nach Pratteln auf 6 Kilometer Länge für Gleichstrom 600 Volt gezogen.

Von besonderem Interesse ist die 1923 für die 11 Kilometer messende Normalspurstrecke von Zürich-Selnau auf den Üetliberg gebaute Installation. Da diese Bahn die Geleise der Sihltalbahn auf der Strecke Selnau–Giesshübel mitbenützt, wurde die Fahrleitung wohl auf denselben Trägern aufgehängt, aber um 1300 Millimeter aus der Mitte der Geleise an den Rand verschoben. Die Lyrabügel der Motorwagen waren seitlich in entsprechender Distanz versetzt. Der Fahrdraht war vielfach aufgehängt mit Gewichtsnachspannung auf freier Strecke. Die Gleichstromspannung betrug 1200 Volt. Die Sihltalbahn selbst wurde erst ein Jahr später auf elektrischen Betrieb umgestellt, da die Vorbereitungs- und Bauzeit länger dauerte als jene der Bahn auf den Üetliberg. Die Sihltalstrecke misst 23 Kilometer. Der Fahrdraht wurde vielfach aufgehängt mit Nachspannung durch Gewicht. Die Masten waren im Gegensatz zu den für die vorerwähnten Bahnen eingesetzten aus Metall. Die Sihltalbahn wurde für 15 000 Volt Wechselstrom entsprechend den SBB ausgerüstet. Das System zweier Fahrleitungen mit höchst unterschiedlicher Betriebsspannung für zwei Bahnen, die auf ein und demselben Geleise verkehren, ist wohl einmalig. Kummler dankte in

Üetlibergbahn: Leitungsbau durch Kummler & Matter 1923 mit versetzter Fahrleitung zur Trennung von der Sihltalbahn

*Frauenfeld-Wil-Bahn: **Fahrleitungsbau durch Kummler & Matter.***
1921 konnte der elektrische Betrieb auf der 1887 eröffneten FW aufgenommen werden.
Bilder: Fahrleitungseinzug an Leichtbauaufhängung nach Patent Kummler & Matter (siehe S. 57).

Oberes Bild: Motorwagen unter Fahrleitung nach Patent Kummler & Matter zwischen Matzingen und Murkart.
Unteres Bild : Unter dieser Foto steht «ausgedient!»

seinem Bericht nicht nur den Direktoren Meyer der Üetliberg- und Weinmann der Sihltalbahn für die gute Zusammenarbeit, sondern auch dem hoch angesehenen Zürcher Stadtpräsidenten Emil Klöti.

1924 baute Kummler & Matter die Strecken der Zürich-Oerlikon-Seebach-Bahn um, wohl von Einfach- auf Vielfachaufhängung. Ebenfalls in diesem Jahre wurden die Kontaktleitungen für die Strecke Limmatquai–Polytechnikum der für weitere Etappen projektierten Standseilbahn auf den Zürichberg und für die Standseilbahn Fürigen am Vierwaldstättersee installiert.

Realistische und utopische Projekte im Ausland

Es war nur natürlich, dass Kummler die Stärke von Kummler & Matter bei der Elektrifikation von Bahnen auch im Ausland nutzbar machen wollte. Die Firma zog in Luxemburg die Fahrleitung für die Strassenbahn Luxembourg – Pont Adolphe sowie für Hüttenbahnen in Ottange und im Saargebiet. Auf Grund der Verbundenheit mit Brasilien prüfte Kummler, ob sich die Firma um die Elektrifikation der Strassenbahn in Rio de Janeiro bewerben solle, um sich im Lande einzuführen, nahm dann aber Abstand von diesem Plane.

In seinem Bericht erwähnt Kummler, dass er vom Schweizer Ingenieur Alfred Ilg, Vertrauter und Minister Seiner Majestät Meneliks II., Kaiser von Abessinien, aufgefordert worden sei, sich um die Elektrifikation der Bahn von Djibouti nach Addis Abeba zu bewerben. Dies gäbe die Gelegenheit, sich im Nahen Osten einzuführen. Kummler & Matter soll nach dem Bericht ein Projekt in französischer Sprache in Addis Abeba unterbreitet haben, das am Hofe auf grosse

Bild links:
Sihltalbahn: Fahrleitungsbau durch Kummler & Matter 1923/24 (Kreuzung mit Tramlinie Nr. 7 bei der Utobrücke – Haltestelle mit Tramwagen links im Bild –, stromloses Kreuzungsstück)

Bild rechts:
Standseilbahn Fürigen: Leitungsbau durch Kummler & Matter 1924, mit 3 Kontaktdrähten für Beleuchtung und Fernsteuerung

Beachtung gestossen sei. Ilg habe aber in der Folge telegrafisch empfohlen, mit weiteren Schritten bis zu seinem baldigen Besuch in Aarau zuzuwarten. Dort soll er Kummler dringend angeraten haben, von weiteren Schritten abzusehen. Leider finden sich zu diesem Projekt keine Daten und die Unterlagen fehlen wie viele andere, die den Bericht begleitet hatten. Es sei daran erinnert, dass Kummler & Matter 1906 mit dem Leitungsbau im Bahnsektor begonnen hatte. Für den Bau der äthiopischen Eisenbahn hatte Ilg persönlich 1894 die kaiserliche Konzession erhalten. 1902 fuhr die Bahn von Djibouti bis Diridana auf einer Strecke von über 300 Kilometer Länge. Schon bald mischten sich aber die grossen Mächte in das Geschick der Bahn, die als rein kommerzielles Unternehmen gebaut worden war. Frankreich, über dessen somalisches Gebiet der Beginn der Strecke führte, Italien, Grossbritannien, Russland und das Deutsche Reich spannen ihre Fäden. In die Politik fügten sich bald Finanzprobleme. 1907 deponierte die Bahngesellschaft die Bilanz. Zudem war Kaiser Menelik erkrankt und nicht mehr handlungsfähig. Über dieses eher futuristische Elektrifikationsprojekt der mit Problemen aller Art belasteten Bahn ist in der Literatur nichts zu lesen, und es ist wohl anzunehmen, dass es ein Ilgscher Gedanke war, die modernste Bahn Afrikas in Äthiopien zu bauen. Dass er bei Kummler hiefür auf offene Ohren stiess, ist leicht begreiflich. Wie die Übernahme der Pionierarbeit im Simplontunnel zeigt, war Kummler für Abenteuer offen. Vorab Kummler und ein Stück weit Ilg waren ganz und gar auf den technischen Fortschritt ausgerichtet und verkannten gelegentlich die Realitäten der Politik. So bedauerte denn Kummler auch, dass durch die Auflösung der Doppelmonarchie Österreich-Ungarn und die Schaffung der wirtschaftlich schwachen nationalen Staaten das Projekt der Thayabahn nach dem Kriege nicht mehr aufgenommen werden konnte.

Durch Vermittlung von Ingegnere Commendatore Antonio Alessi in Rom wurde Kummler & Matter angefragt, ob sie bereit wäre, ein Projekt für die Elektrifikation der Strecke Mailand–Bologna der Ferrovie dello Stato (FS) einzureichen mit Präferenz für die Vergabe des entsprechenden Leitungsbaus und Aussicht, für weitere Strecken den Vorrang zu erhalten. Kummler & Matter wurde beauftragt, Interessenten für die Erstellung der Werke zur Gewinnung der notwendigen Energie zu suchen, die sie dann in den Firmen SLM, Escher-Wyss und Sprecher & Schuh auch fand. Alessi wurde in Aarau empfangen und besichtigte elektrifizierte Bahnen. Die mit Elan an die Hand genommene neue Sache wich bald bitterer Ernüchterung, als Alessi beim Kapitel Zahlungsmodalitäten informieren musste, dass der Staat nicht in der Lage sei, comptant zu zahlen, er könne nur in Raten leisten, die auf 20 bis 30 Jahre zu verteilen seien. Es würden entsprechende Papiere ausgegeben, die man diskontieren lassen könne. Erkundigungen ergaben, dass eine einzige Bank Bereitschaft zeigte, die Staatspapiere zu 90 % zu übernehmen. Diese Bank geriet ein Jahr später in Konkurs. Damit war erwiesen, dass man die Schweizer als Financiers für die Elektrifikation der Bahnen eines bankrotten Staates hatte missbrauchen wollen.

Von Interesse ist Kummlers Feststellung, dass in den Krisenjahren 1921/23 bewusst mit Verlusten gearbeitet wurde, um die Belegschaft durchzuhalten.

Hochspannungsleitungen, Niederspannungsverteilnetze und Schwachstromanlagen

Kummler & Co., später Kummler & Matter, hatte bis zum Jahre 1925 insgesamt 5.500 km einfache Leitungslänge Hochspannungsleitungen im Inland und 11.800 km im Ausland gezogen. Dazu kamen Niederspannungsnetze mit 30.000 Masten und 800 t Kupferdraht. Überdies hatte das Unternehmen 5.229 km einfache Leitungslänge Schwachstromleitungen erstellt und 436 km Kabel für Schwachstrom verlegt sowie unzählige Transformatorenstationen ausgerüstet.

Aufstellen eines fertig montierten, schmalen Mastes der ersten Generation auf damals deutsch-elsässischem Gebiet. Diese erste grosse Gittermastenleitung der Schweiz von Anwil bis Réchésy in Frankreich wurde 1912/13 im Auftrag der AG Motor durch Kummler & Matter erstellt. Die Teilstrecke Bottmingen-Réchésy wurde mit Stehisolatoren ausgerüstet, jene von Anwil nach Bottmingen mit Hängeisolatoren (siehe S. 39f.)

Das erste Niederspannungsverteilnetz war bereits 1892 in der Stadt Aarau eingerichtet worden (siehe S. 12f.). Im Anschluss an das Kraftwerk Ruppoldingen (1894 – siehe S. 14ff.) wurde durch Kummler & Co. die erste umfassende Anlage mit Hochspannungsleitungen zu den Ortsnetzen und allen Ortsnetzen im Einzugsgebiet einschliesslich der Städte Olten, Aarburg und Zofingen erstellt. Weitere Netze folgten u.a. für Wynau, Elektra Baselland, Beznau-Löntsch, Bündner Herrschaft (Trins).

Anfänglich fanden für alle Leitungen, einschliesslich der Hochspannungsleitungen, Holzmastenträger Verwendung, die nur geringe Spann-

Aufstellen eines fertig montierten, mit strukturierten Seitenarmen ausgerüsteten schwereren Gittermasts.

Örtlicher Aufbau im Stand eines Gittermasts mit gespreizten Füssen mit Holzmast als Kran.

weiten zuliessen. Im Anschluss an die Beznau-Löntsch-Kraftwerke erstellte Kummler & Matter die erste grosse Überland-Gittermastenleitung der Schweiz (siehe S. 39f.) von Anwil über das damals deutsche Elsass nach Réchésy in Franreich. In der Folge war die Firma an den grossen Überlandleitungen jener Zeit beteiligt, u.a. der Albulaleitung der Stadt Zürich, Amsteg-Immensee, Rathausen-Pieterlen, Siebnen-Rathausen, Lausanne-Genf. Die schmalen Gittermasten der ersten Generation wurden an Ort und Stelle zusammengebaut, an der Basis auf einer Seite wie bei einem Scharnier befestigt und anschliessend mit Hilfe eines Holzstangenbocks oder eines Eisenmasts und einer Drahtseilwinde in senkrechte Stellung gebracht. Damals standen weder Langfuhrwagen noch Helikopter zur Verfügung. Sofern es Strassen hatte, waren sie eng und kurvenreich. Für die benötigte Zugkraft wurde noch das Pferd eingesetzt.

Die Masten der späteren Generation, die mit vier gespreizten Füssen an der Basis der heutigen Bauweise entsprechen, wurden an Ort und Stelle von unten her, stehend aufgebaut. An Stelle von Kranen wurden Holzmasten am bereits gebauten Teil so befestigt und periodisch höher gezogen, dass sie diesen überragten. Über eine oben befestigte Rolle wurden die weiteren Bauelemente aufgezogen und montiert.

Überlandleitung Goldau-Immensee für die Schweizerische Kraftübertragungs AG, 1922: Teilstück der Gemeinschaftsleitung mit den SBB Amsteg-Immensee, mächtige gespreizte Eisenmaste mit zwei Türmen, örtlich aufgebaut, Spannweiten 200-700 m., drei Aluminiumseile 197 mm Querschnitt für Drehstrom 110 kV, 8 Kupferseile 80 mm Querschnitt für Wechselstrom 60 kV und 1 Erdseil. Steh- und Abspannisolatoren für Wechselstrom, Hänge- und Abspannisolatoren für Drehstrom.

Oberes Bild: Die Leitungen der Niederspannungsverteilnetze in den Ortschaften wurden ab den Transformatorenstationen an Porzellanisolatoren aufgehängt. Diese waren über Eisenhaken gestülpt, die ihrerseits an Holzstangen oder an Hausmauern befestigt waren. Die privaten Hausanschlüsse dienten primär der Beleuchtung und wurden nach der Anzahl Glühlampen berechnet (siehe Abrechnung S. 12). Für Heizzwecke, Plätteisen etc. mussten Lampenanschlüsse umgeschaltet werden. Zu den Hausanschlüssen kam die Beleuchtung der Strassen und Plätze. Die Gasbeleuchtung wurde zusehends ersetzt. Im Bild: Links eine elektrische Strassenlampe und rechts eine ausgediente Gaslaterne. Auf der Strasse steht Hermann Kummler mit seinem Pferdefuhrwerk (links).

Unteres Bild: Baugruppe Kummler & Matter mit Werkmeister (weisses Hemd mit Fliege), einem Telephon und Telegraphen-Beamten (in Uniform) und zugezogenen Waldarbeitern beim Bau einer Telephon- und Telegraphen-Überlandleitung. Die Funktion der K & M-Mitarbeiter erkennt man an den getragenen Geräten. Die Örtlichkeiten sind leider unbekannt.

Schwachstromkabelverlegung durch Kummler&Matter für die Schweizerische Telefonverwaltung 1921/22 auf den Strecken Luzern–Axenstrasse–Altdorf und Chur–Landquart

Kabeltransport am Urnersee

Abladen der Kabelrollen

Lastwagen bereits mit Autotelefon

Kabeltransport über den Rhein…

…und talaufwärts

Im Schwachstromsegment hatte Kummler & Matter zur Hauptsache im Auftrag der PTT umfangreiche Arbeiten durchgeführt, wie Leitungsbau und auch Abbruch nicht mehr benötigter Stränge. Dazu kamen Schwachstromleitungen und -installationen für die elektrifizierten Bahnen. Im Zuge der Elektrifikation der SBB wurde Kummler & Matter von der Telefonverwaltung als Spezialistin für die Verlegung von Kabeln in Rohrleitungen an Stelle von Freileitungen beigezogen, unter anderen für die Strecken Olten–Basel, Olten–Zürich, Olten–Bern und Luzern–Altdorf.

Zum Bau der Netze gehörte auch die Erstellung der Transformatorenstationen. Kummler hatte sich dabei mit sinnlosen Vorschriften herumzuschlagen, nach denen die Leitungen über turmartige Aufbauten durch Kamine ins Innere der Trafo-Häuschen gezogen werden mussten, was die Arbeiten erschwerte und lebensgefährlich war. Er setzte sich schliesslich mit einem eigenen Typus durch.

Kummler & Matter hatte für den Fahr- und Freileitungsbau eine eigene Fabrikation aufgezogen, um nicht mehr von Zulieferern abhängig zu sein, insbesondere von solchen, die im Ausland ansässig waren.

Trafo-Station mit turmartigem Aufbau

Das Universalunternehmen an der Wende

«Simplon», «Phoebus» und Quarzilit als Zauberstab

Die Lebensmittelknappheit hatte Kummler & Matter 1917 veranlasst, in der von Paul Edwin Matter betreuten Abteilung Dörröfen in Produktion zu nehmen. Mit Unterstützung der Kriegswirtschaftlichen Abteilung des Bundes wurde der Ausstoss stark vergrössert, um die Apparate möglichst breit zu streuen und dadurch auch die Preise zu ermässigen. Die Brennstoffknappheit hatte die Entwicklung von «Elektrischen Heisswasser-Automaten (Warmwasser-Speicher)» für Private, Hotels, Fabriken und Spitäler angeregt. Diese wurden für Nachtstrom, gewünschte Temperaturen und Wassermengen von 20 bis 10 000 Liter hergestellt. Die Neuheit wurde mit gedruckten Referenzen-Listen dem Publikum empfohlen. Zu den Bezügern gehörten Hotels ersten Ranges und Leute, die einen Namen hatten, unter anderen Ignaz Paderewski in Morges, der als Meisterpianist und bald darauf als polnischer Ministerpräsident in die Geschichte Eingang fand. Daneben wurden elektrische «Einsatzheizer» angepriesen zum Einbau in die Radiatoren von Kohle-Zentralheizungen für die Übergangszeiten im Frühling und im Herbst. Die elektrischen Drahtspiralheizöfen wurden – im äusseren Erscheinungsbild der Mode angepasst – weiter produziert, wie auch die Fussheizplatten, die Bügeleisen, Kocher und Kochherdplatten. Dazu kamen Kleinapparate aller Art, wie Tauchsieder, Lötkolben, Zinn- und Brennscherenwärmer, «Heissluft-Douchen» – später unter dem Namen Föhn bekannt –, Heizkissen, «elektrische Brotröster» und Leimerhitzer. Für Kirchen, in denen die Beheizung des ganzen hohen Raums vermieden werden musste, wurde eine schnell wirksame und billige Fussheizung entworfen und für die Landwirtschaft ein Kochkessel besonderer Art geschaffen. Die Haushaltapparate wurden unter dem Namen «Simplon» angeboten.

Energieknappheit in den Kriegsjahren und rein saisonale Bedürfnisse im Heizsektor veranlassten Kraftwerkdirektoren, Kummler vorzuschlagen, Öfen zu entwickeln, die über Nacht mit Billigstrom geladen und tagsüber zur Raumerwärmung verwendet werden könnten. Kummler & Matter schuf daraufhin unter dem Namen «Phoebus» Speicheröfen in Kleinformat und auch als Kachelöfen.

Hatte die Firma vor dem Kriege im Hotelbereich zur Lieferung ganzer Küchen auch Kohle- und Gaskochherde fabriziert, verlegte sie sich im Zeichen des Kohlemangels ganz auf Elektroherde und hatte damit nach dem Kriege für die Friedensproduktion bereits erprobte Apparate dieser Art. Die Neuerung lag im glühenden Quarzilitstab, der grossen Anklang fand. Dieser Stab war von Ferdinand Eichenberger, der als Lehrling und dann als Techniker bei Kummler & Matter beschäftigt war, mit Unterstützung des Unternehmens 1920 entwickelt worden. Er bestand aus Siliciumkarbid. Namentlich in Graubünden und im Berner Oberland setzten sich Kummler & Matter-Anlagen mit Glühstabherden in den grossen Hotels durch. Der Widerstand der Kraftwerksdirektoren gegenüber der Elektroküche schwand erst, als sich zeigte, dass sich aus dem Kochen keine neue Spitze im Energieverbrauch, sondern im Gegenteil ein Verbrauchsausgleich über Mittag und in den Abendstunden ergab, ergänzt durch die nur nachts beheizten Warmwasserspeicher. Aufklärungskampagnen des Schweizerischen Wasserwirtschaftsverbandes sollten dem neuen Kochen den Durchbruch ebnen. Die grossen Werke und die Installateure taten das Ihre mit Publikumsschaukochen. Dem setzten sich die Gaswerkleute, die damals noch mit Kohle produzierten, vehement entgegen, und da die Gemeindewerke Elektrizität und Gas zugleich vertrieben, verhielten sie sich in diesem Kampf oft sehr lau. Als sich ein Durchbruch zeigte, versuchte die Konkurrenz, mit Hochwattplatten zu 1800 anstatt wie bisher nur 1200 Watt die Quarzilitstabneuerung zu übertrumpfen.

Quarzilitglühstäbe wurden nun auch in Parabolstrahlöfen eingebaut und überdies zur Erwärmung des Motorkühlwassers in Automobilen angeboten. Im Industriebereich kamen Quarzilitglühstäbe in Härte- und Emaillieröfen, für Schlichtmaschinen in Webereien und das Sengen von Tüchern zur Anwendung. Der Quarzilitglühstab, der weltweit zum Patentschutz angemeldet worden war, stiess auch in den USA auf Interesse. Allis Chalmers in Milwaukee übernahm Produktion und Vertrieb in Lizenz, jedoch durch eine Tochter, die sie neu gegründet hatte, die American Resistor Company. Das USA-Geschäft, das vielversprechend begonnen hatte, endete bald enttäuschend. Die Resistor rettete sich vor dem Konkurs unter die Fittiche der Carborundum Company in Niagara Falls und offerierte Kummler & Matter ein billiges Abfindungsgeld. Allis Chalmers hielt sich schlau bedeckt. Was hinter den Kulissen vorgegangen war, blieb im Dunkeln. Damals schon waren US-Abenteuer eigenen Gesetzen unterworfen.

In Deutschland wurde die Patentanmeldung von Siemens angefochten. Man riet Kummler vom Prozessweg ab, da dort gegen inländische Grosskonzerne in der aktuellen Wirtschaftslage kaum Recht zu finden sei. Überdies liess man ihn von Freundesseite wissen, dass die Chemie mit weit schwierigeren Verhältnissen zu kämpfen habe. Kummler hatte bald darauf Gelegenheit, in anderer Sache mit Siemens zu verhandeln und fand dabei einen Weg, auch in der Glühstabangelegenheit eine Einigung durchzusetzen.

Quarzilit versah schliesslich auch im Überspannungsschutz, in der Telefonie und der Radiotechnik seinen Dienst.

Probleme mit dem Apparatebau

Der Wandel, der sich aus dem Krieg ergab, veränderte die Situation im Apparatebau grundlegend. Die Konjunktur blieb flau. Die Kohlenpreise fielen, womit kein Anreiz zu weiterer Elektrifikation bestand. Der Zusammenbruch der Währungen jenseits der Grenze und exorbitante Einfuhrzölle der Anrainerstaaten standen dem Export im Wege, wogegen massenweise Billigware ins Inland strömte, bis der Bund die Einfuhr drosselte. Die Einführung der 48-Stundenwoche und die Erhöhung der Gehälter und der Arbeitslöhne, die im Kontrast zur ausländischen Entwicklung standen, verteuerten die Kosten der Produktion, was die Situation verschlimmerte, aber keineswegs zu erhöhter Kaufkraft führte. Man griff auf Reserven, die glücklicherweise noch vorhanden waren, und erhöhte das Kapital, um die Modernisierung der Werkstätten systematisch voranzutreiben, die technische Qualität der Produkte weiter anzuheben und die Fabrikation der Apparate in grösseren Zahlen aufzunehmen, um so den Stückpreis nach Möglichkeit zu senken. Das allein genügte aber nicht, da der Absatz in der Schweiz zur Produktion in Massen unzureichend war und der Export wie erwähnt darniederlag. Die Schere zwischen Kosten und Ertrag öffnete sich ungehemmt und der Apparatebau schlitterte 1922 in die roten Zahlen. Kummlers Leitungsbau, der nach wie vor florierte, musste den anderen Teil subventionieren. Die Jahre 1923/24 und 1924/25 blieben ohne Dividende. So dachte man daran, die Fabrikation der Apparate an kostengünstigere Orte zu verlegen und sich im Inland auf technische Entwicklung und Veredlung zu beschränken. Für Expansion ins Ausland sprach im übrigen, dass zufolge des verheerenden Krieges die Verbreitung der elektrischen Energie im Ausland erst recht spät begonnen hatte und dass trotz der Senkung der Kohlenpreise ein Nachholbedarf anzunehmen war.

Der 1925 getroffene Entscheid, das Engagement im Ausland zu verstärken und einer eigenen Abteilung zu übertragen, war wohl richtig. Aber es war ein Schritt, der von weittragender Bedeutung und mit grosser Umsicht an die Hand zu nehmen war. In fremde Märkte einzudringen, war damals noch weit schwieriger als heute, wo mehr Transparenz besteht und Distanzen kaum noch eine Rolle spielen. Vieles hing von der Wahl des Mannes ab, den man mit dem Aufbau der Auslandabteilung betrauen wollte.

Kummler war grosszügig allen gegenüber, die ihm nahe standen, und gab jedem einen Vorschuss an Vertrauen. Das mag als Erklärung dienen, warum er ohne Widerspruch akzeptierte, dass der Neffe seines Partners Matter, zudem Vetter eines weiteren Mitglieds des Verwaltungsrates, ein junger Ingenieur, ohne Konkurrenzauswahl berufen wurde, die anspruchsvolle, für die Zukunft der Firma entscheidende Funktion zu übernehmen. Man übertrug ihm überdies die technische Leitung der gesamten Fabrikation und unterstellte ihn seinem Onkel, der als Delegierter für den Apparatebau fungierte. Kummler beschränkte sich auf das Präsidium des Verwaltungsrates und die Funktion des Delegierten für den Leitungsbau, mit dem die Firma gross geworden war.

Das Jahresende 1925 stand unter einem schlechten Stern. Am 24. Dezember nach drei Uhr in der Frühe wurde Kummler durch einen Brandalarm geweckt und fand das Fabrikgebäude auf einer Länge von 40 Metern in vollen Flammen. Die Feuerwehr schützte mit Wasser aus den Fabrikhydranten und durch Einsatz der dampfgetriebenen Spritze des Piketts die umliegenden Gebäude. Da der Brand unmittelbar nach der Runde der Securitas in diesem Ausmass ausgebrochen war und auf dem Areal leere Benzinkanister fremder Herkunft gefunden wurden, erhärtete sich der Verdacht auf Brandstiftung. Dieser richtete sich auf einen Mann, der gegen den Werkmeister handgreiflich geworden und fristlos entlassen worden war. Er war denn auch in der Nähe der Brandstelle gesichtet worden, aber in der Folge unauffindbar und soll nach Amerika geflohen sein. Durch den Produktionsausfall in der zerstörten Halle erwuchs Kummler & Matter trotz Versicherung für Gebäude und Material namhafter Schaden in ohnehin schon angespannter Lage.

Expansion ins Ausland

Dem beschlossenen Konzept entsprechend, wurde für den Apparateteil von Kummler & Matter die Expansion ins Ausland an die Hand genommen. Der neue Mann, der hiefür eingestellt worden war, bereiste Frankreich und erstellte ein Konzept mit Fabrikationswerkstätten in Lyon und einer Zentrale in Paris, was von Anbeginn zwei Direktionen erforderte. Bedenken Kummlers wurden in belehrender Weise in den Wind geschlagen: Die Produktion müsse in der Provinz erfolgen, wo auch der grösste Absatz zu erwarten sei und aus Prestigegründen sei Paris als Verwaltungssitz zu wählen. 1926 wurde die Compagnie pour le Chauffage et la Cuisson par l'Electricité – C.C.C. mit Kapital von Kummler & Matter, der Direktoren und der Kaderleute und mit Sitz in Paris gegründet. Adresse des Siège social war Boulevard Saint-Germain. Der Leiter der Auslandabteilung wurde als Präsident bestellt und Kummlers Partner, dem der Neffe in Aarau hierarchisch unterstand, übernahm dessen Stellvertretung.

Als nächste Station nahm der Leiter der Auslandabteilung stillschweigend Österreich an die Hand. Er legte dem Verwaltungsrat noch im Jahre 1926 einen fertigen Vertrag auf den Tisch, mit dem eine Kummler & Matter-Tochter namens Electricus-Volta GmbH in Bregenz das Geschäft einer Volta GmbH in Liquidation übernehmen sollte. Im Rate wurde kritisiert, dass man mit dieser neuen Sache ein Fait accompli geschaffen und ohne Pause Neues plane, das wiederum Investitionen notwendig mache, für die man sich die Mittel von den Banken leihen müsse und sich damit noch vermehrt in deren Hand begebe. Der Leiter der Auslandabteilung wies auf das Erfordernis der Expansion und schlug einmal mehr Bedenken aus. Wenn auch mit Unbehagen wurde der Neugründung zugestimmt, wohl in der Meinung, man wolle sich nicht als Bremser ins Abseits drängen lassen. Wie in Frankreich, war auch in Österreich nach dem Willen des neuen Mannes eine Präsenz in der Metropole unumgänglich. So liess er in eigenmächtiger Weise am Wiener Kohlmarkt eine weitere Niederlassung errichten.

Die deutsche Filiale in Stuttgart war, wie bereits geschildert, ganz auf den Leitungsbau ausgerichtet und hatte sich unter Kummlers Führung auch nach dem Kriege gut behauptet. Im Jahre 1925 verhandelte Kummler mit der Eisenbahn-Direktion in München, um endlich doch im deutschen Fahrleitungsbau Fuss zu fassen. Der zuständige Beamte war aufgeschlossen und betonte, es sei äusserst wünschenswert, Kummler & Matter als bestens ausgewiesenes Unternehmen neben AEG, Siemens, Bergmann und der Mannheimer BBC der Reichsbahndirektion in Berlin als Bewerber zu empfehlen. Vertraulich teilte er dem Besucher mit, es sei ihm an der Bewerbung von Kummler & Matter sehr gelegen, da unter den erstgenannten Firmen mit Kartellabsprachen zu rechnen sei. Bedingung sei jedoch, dass wohl Stuttgart als deutsches Unternehmen aufzutreten habe, dass aber nachzuweisen sei, dass das Stammhaus voll hinter Stuttgart stehe und für hohe Qualitätsarbeit der deutschen Filiale garantiere. Umso grösser war Kummlers Schock, als er ein Zirkular der deutschen Filiale zu Gesicht bekam, in dem den deutschen Kunden der Rückzug des Mutterhauses aus der deutschen Firma – offenbar im Hinblick auf eine geplante Umwandlung der Rechtsstruktur – bekannt gegeben wurde. Der Leiter der Auslandabteilung hatte sich, im Einvernehmen mit dem in Stuttgart residierenden Direktor und gedeckt von seinem Onkel, ohne Wissen Kummlers, in das dortige Konzept gemischt und dadurch dessen Bahnbestrebungen zu Fall gebracht. Dafür wurde in Stuttgart-Fellbach bei der Kummler & Matter-Gesellschaft für elektrische Anlagen die Apparatefabrikation in dem Sinne aufgenommen, dass von der Schweiz gelieferte Bestandteile zollgünstig nach Stuttgart verbracht und dort zu Apparaten vereinigt wurden. Zudem wurde mit der AEG über eine Kooperation im Apparatebau verhandelt und die Kummler & Matter-Filiale begann für die deutsche Konkurrenzfirma zu produzieren.

Alles wurde in grossem Stile, übereilt und weder finanziell noch organisatorisch verkraftbar, und Entscheidendes auch in Überschreitung der vom Verwaltungsrat erteilten Kompetenzen durchgesetzt. Die Unbekümmertheit, mit der der Leiter der Auslandabteilung die finanzielle Situation des Unternehmens strapazierte und die Art und Weise, mit der er auf Kritik hin reagierte, vergifteten das Klima in der Führung des Betriebs. Kummler sah das Unheil, das dem Unternehmen drohte. Doch war sein Einfluss durch die Aufteilung der Kompetenzen auf seine Stimme im Verwaltungsrat beschränkt. Dieses Gremium schwankte zwischen Rücksicht auf die familiären Bindungen und klaren Schritten. Das Debakel im Auslandbereich kam rasch. Ein Revisionsbericht über das französische Unternehmen war vernichtend. Die österreichische Filiale war durch Streit gelähmt und arbeitete mit Verlust. In Deutschland hatte sich der Leiter der Auslandabteilung mit der AEG überworfen, die nun ihrerseits die geplante gemeinsame Apparateproduktion in den eigenen Betrieb integrierte und Kummler & Matter konkurrenzierte. Als der Zustand offenkundig wurde, entschied man sich schliesslich doch, den Verantwortlichen zu entlassen. Der Schritt kam viel zu spät. Das Unternehmen war bei der Bank bereits derart verschuldet, dass es deren Willen ausgeliefert war.

Kummler sah sich um sein Lebenswerk gebracht. Das Unternehmen, an die Wand gedrückt, war unter seinem Preis zu haben. Was Kummler befürchtete, war die Übernahme durch die Bank und die Verschacherung an seinen Widersacher, der in der Bank durch persönliche Verbindung immer noch Rückhalt hatte. In dieser ausweglosen Lage offerierte der Firmengründer 100 000 Franken, damals eine stolze Summe, als Vorschuss gegen schwache Deckung, um den Liquiditätsengpass zu überwinden. Schliesslich fand sich eine andere Bank, die 400 000 Franken als Kredit gewährte, um die Rückzahlung fälliger Obligationen zu ermöglichen, wobei die beiden Partner sich solidarisch zu verbürgen hatten. Damit war Kummlers finanzielle Lage zum Äussersten angespannt. Doch nicht genug. Um sich völlig zu befreien, benötigte das Unternehmen neues Kapital. Um solches zu beschaffen, musste vorerst zu einer schmerzlichen Sanierung der Bilanz mit Kapitalschnitt geschritten werden. Kummler verlor mit der Sanierung die Hälfte des investierten Kapitals und die andere Hälfte wurde den zur Zeichnung aufgelegten neuen prioritären Aktien hintangestellt. Das Darlehen, das er zur Rettung des Unternehmens privat gewährt hatte, wandelte er in prioritäre Aktien um.

Der letzte Akt

Im Hinblick auf die Sanierung wurde auch eine Reorganisation in der Führung des Unternehmens diskutiert, um einem weiteren Diktat der Bank zuvorzukommen. Kummler erklärte sich bereit, auf das Präsidium zu verzichten und mit seinem Partner Matter nur noch als Delegierter in überwachender Funktion zu walten. Er trat auf Ende 1928 als Präsident zurück.

Am 3. Januar 1929 fand die Generalversammlung statt, in welcher die

Kapitalstruktur erneuert und an Stelle Kummlers ein der Bank genehmer neuer Präsident an die Spitze des Unternehmens berufen wurde. Kummlers Mandat als Verwaltungsrat und Delegierter lief noch bis ins Jahr 1930. Er hatte selbstverständlich neues Geld nur in der Meinung investiert, dass er zumindest für seinen Sektor Leitungsbau die Führungsfunktion behalte, was vom Verwaltungsrat auch so aufgefasst worden war, jedoch vom neuen Präsidenten und jetzt auch von der Mehrheit des Gremiums ignoriert wurde. Den Direktoren, Prokuristen und Beamten war jeder Kontakt mit Kummler auf Anordnung des neuen Präsidenten strikt verboten. Auf dringenden Rat des Arztes und der Familie trat Kummler schliesslich mit seiner Gattin einen Erholungsurlaub an. Dorthin wurde ihm von dritter Seite ein Zirkular zugespielt, in dem es hiess, Kummler habe sich nach vierzigjähriger, dem Geschäfte gewidmeter Tätigkeit und begleitet von den besten Wünschen «zum Genusse seiner Erfolge», von der Geschäftsleitung zurückgezogen und seine Mandate als Präsident und Delegierter des Verwaltungsrates zur Verfügung gestellt; seine Unterschriftsbefugnis sei damit erloschen. Er halte aber als Mitglied des Verwaltungsrates seine Erfahrungen nach Bedarf in verdankenswerter Weise zur Verfügung des Unternehmens. Nach seiner Rückkehr aus dem Urlaub fand Kummler sein Büro von einem Angestellten besetzt. Seine Effekten, auch die persönlichen, waren weggeräumt.

Und wer war denn Kummler eigentlich?

Von einem Tag auf den anderen war der Firmengründer, der sich unermüdlich und im Übermass für sein Unternehmen eingesetzt und mit seinem Leitungsbau zur Verlustdeckung aus dem Apparatebau beigetragen hatte, kaltgestellt. Er fühlte sich verraten und zutiefst gekränkt in seiner Ehre. Dazu kam die Realität der eigenen finanziellen Lage, die er durch den Nachschuss bis zum Äussersten gefährdet hatte. Sie rief gebieterisch nach Redimensionierung. Es war nicht etwa so, dass Kummler, wie man das von einem Industriellen erwartet hätte, in grossem Stile gesellschaftlich in Erscheinung getreten wäre. Grosszügig angelegt waren das Olinda-Gut und der Betrieb, den es erforderte. Dazu kamen die Pferde, die er für sich und seinen Sohn, den Kavalleristen, hielt: einfache Pferde zum Bereiten und zum Vorspann vor das Victoria, mit dem man sonntags gelegentlich spazieren fuhr, und im Winter für den Pferdeschlitten. Daneben aber war der Lebensstil bescheiden. Die Ferien verbrachte die Familie in Pensionen in St. Antönien, in Lungern, in Emmetten oder in Plaffeien. Ein einziges Mal wurden in einem Erstklass-Etablissement, im Grand Hotel Kuranstalten in Waldhaus Flims, das grosser Kunde seiner Firma war, die Sommerferien verbracht. Als Kummler einmal in der Bahn rote erste Polsterklasse fuhr, hatte er diese Ausnahme speziell vermerkt und auch sogleich den Grund dafür genannt.

Kummler mit Familie um 1930

Die tiefe Verbundenheit mit der Natur und die Erinnerung an die Fülle dessen, was er in Pernambucos Gärten und Hinterland an Pflanzenreichtum angetroffen hatte, waren der Grund dafür, dass er sich die Last des grossen Gutes aufgeladen hatte. Sein Onkel hatte den Park in nostalgischer Sympathie für das ferne Land geschaffen. Palmen und Bananenbäume, Orangen- und Zitronenbäume, die man in grossen Eichenzubern zog und im Kalthaus überwinterte, gaben der näheren Umgebung des Hauses eine exotisch verträumte Note. Araukarien und Götterbäume, Laetitia Triacastus, Atlas-Zedern und Cedrus Deodora aus dem Himalaja in den hiezu notwendigen gross dimensionierten Raum des Parks gepflanzt, gaben dem Ganzen ein mächtiges Gepräge. Auch die Tiere waren edler Art, Fasanen, Pfauen und besondere Arten Hühner, aber auch Gänse und Enten auf den Teichen. Kummler war nicht nur Gutsbesitzer; er legte selbst Hand an die Geräte und half mit, wenn man die Weiher putzte und die Pflanzen in den Wintergarten transportierte. Er strich die Gartenbänke selber mit neuer Farbe an. Aufenthalt und Betätigung im Freien gaben ihm die Musse, das innere Gleichgewicht zu finden. In der Betrachtung auch der kleinsten Dinge der Natur habe er, so schrieb er, manchen Ärger, menschlichen Neid und Eifersucht vergessen können.

Als sich die Verhältnisse im Unternehmen zum Schlechten wendeten und ständige Präsenz erforderten, verkaufte er die Pferde, da er für die Ritte, die ihm bislang so viel bedeutet hatten, keine Zeit mehr fand. Damit verzichtete er auf das, was ihm so oft zum Ausgleich verholfen hatte. Geblieben war der Park. Dass er sich von diesem Park jetzt trennen musste, war ihm völlig klar. Und damit war auch unvermeidlich, dass das, was von seinem Onkel grosszügig angelegt worden war, zerstückelt werden würde. Wer heute in Aarau durch den Parkweg geht oder von der Bleichmatt zum Kantonsspital, kann noch erahnen, was dieser Park einst gewesen war.

Kummlers Naturbegeisterung hatte sich auf die Aargauische Naturforschende Gesellschaft übertragen, der Kummler namentlich auch im Hinblick auf den Bau des Naturhistorischen Museums seine Unterstützung geliehen hatte. Das hatte seinen Ursprung auch in der tiefen Verehrung, die er für die Person von Professor Mühlberg, seinen Lehrer, hatte, mit dem er diese Ideale teilte. Überhaupt war er, was verdiente Leute anbelangte, von der alten Schule. An Ehrungen, mit denen man Persönlichkeiten Dank erstattete, hatte er stets persönlich und mit innerem Engagement teilgenommen und das Verdienst gewürdigt. Er selbst wurde mit Ehrenmitgliedschaften in beruflichen Belangen beim Verband schweizerischer Elektroinstallations-Firmen, bei dem Schweizerischen Elektrotechnischen Verein und im Bereiche der Naturbegeisterung mit jener der Aargauischen Naturforschenden Gesellschaft ausgezeichnet. Er fühlte sich auch in besonderem Mass geehrt, wenn er beruflich,

Villa Olinda in Aarau inmitten reicher Vegetation

sei es mit Problemen im zwischenstaatlichen Bereich oder in Verbindung mit der Mustermesse, mit Bundesräten in Kontakt kam. Angesichts dieser Haltung des Respekts vor Stellung, Leistung und Verdienst mag man ermessen, wie sehr der Pionier von der Würdelosigkeit betroffen war, mit der man seine Hauptleistung schlichtweg ignorierte und ihn zu einem Niemand degradierte.

In Erinnerung an Marseille und Brasilien – und wohl auch an den ihm unbekannten, in fremder Erde beigesetzten Vater – hatte Kummler zeitlebens ein Fernweh mit sich getragen. Das schlug sich in so vielem nieder, das damit verbunden war, etwa in Berichten über das Wiedersehen im Hafen von Marseille mit dem Dampfer Equateur, mit dem er einst nach Brasilien gefahren, über die anderen Dampfer, die dort vor Anker lagen, um nach China, Japan, nach Indien und Australien auszulaufen, in Tagungen der Schweizer Überseer, an denen er kaum je fehlte, dann in den Büchern, die in seinen Regalen standen: J. J. Tschudi: Reisen durch Südamerika von 1867, aus der Zeit seines Vaters Emil stammend, Gabriel Ferry: Le coureur des bois ou les chercheurs d'or aus derselben Zeit, Amand Freiherr v. Schweiger-Lerchenfeld: Afrika, der dunkle Erdteil im Lichte unserer Zeit von 1886, H. S. Landor: Auf verbotenen Wegen im Tibet von 1898, Sven Hedin: Transhimalaja von 1909, Carl Hagenbeck: Von Tieren und Menschen 1909, «Seiner Majestät dem Deutschen Kaiser und König von Preussen Wilhelm II. in tiefster Ehrfurcht zugeeignet», Charles Bell: Tibet, einst und jetzt von 1925, Georg Wegener: Im innersten China von 1926 und viele andere abenteuerliche und reich bebilderte Bände seiner Zeit. Dazu kamen grosse Reisealben voller Ansichtskarten aus den beruflich besuchten Städten, aus Stuttgart, Ulm, München, Nürnberg, Dresden, Stettin, Stralsund, von der Insel Rügen, aus dem Thayatal und Wien, von den besuchten botanischen und zoologischen Gärten dieser Städte, aus dem Deutschen Museum, das er in München mit seinem Sohn besichtigte, oder von den grossen internationalen Messen, in denen er mächtige Impulse empfangen hatte, der Weltausstellung von 1900 in Paris, der Elektrizitätsausstellung in Marseille mit den farbenprächtigen Fontaines Lumineuses oder auch aus der Kolonialausstellung, 1922 am gleichen Orte abgehalten, einem Ereignis, das von Kummler in Bild und Wort eingehend festgehalten wurde. Fremde Völker und Kulturen hatten ihn in hohem Masse fasziniert. Zu alldem gehörte auch seine Beziehung zum Abenteurer Ilg. Die Bücher, die Alben und die Vitrinen mit den Erinnerungsstücken aus Brasilien, mit ausgestopften Tieren, Häuten von Riesenschlangen mit Einschusslöchern, Korallen aller Art und an Fäden aufgehängten Meeresteufelchen, die sich im Luftzug drehten, ergänzten die romantisch geheimnisvolle Aura, die sich um den weisshaarigen Mann verbreitete.

Auch vaterländische Gesinnung, die damals nach dem ersten grossen Kriege besondere Bedeutung hatte, zählte zu Kummlers Eigenschaften, denn schon als Auslandschweizer hatte er erfahren, was das Land der Herkunft bedeuten kann. Später wurde er deshalb oft gebeten, an einem kleinen Ferienort mit einigen Worten der Besinnung an der Bundesfeier mitzuwirken. Auch Verbandsanlässe wurden mit patriotischem Gedenken abgehalten, unter Dankerstattung an die im Dienst Verstorbenen. Man wusste damals noch, was man dem eigenen Lande schuldig war. Die 1916 gegründete Schweizerische Mustermesse –

Kummlers Alterssitz an der Erlinsbacherstrasse 94 in Aarau, im Vordergrund der Hausherr

Kummler war Gründungs- und Vorstandsmitglied – bezweckte, einheimischem Schaffen neue Impulse zu verleihen. Von besonderer Bedeutung aber war für Kummler, dass er am Jahrhundert-Jubiläumsschützenfest, 1924 in seiner Heimatstadt das Grossereignis, in zentraler Funktion beteiligt war. Dieses Fest verstand sich in schwieriger Nachkriegszeit als Manifestation zur Verteidigung der Unabhängigkeit des Landes und des Willens, im Inneren und im Äusseren den Frieden zu erhalten. Am Festakt mit dem Bundesrat in corpore, General Ulrich Wille und dessen höchsten Offizieren und dem diplomatischen Corps sass er an Bundesrat Giuseppe Mottas Seite.

Die letzten Jahre

Der Verkauf des Gutes – vielleicht noch mehr, dass dessen Zerstörung unabwendbar war – warf tiefe Schatten auf Kummlers Gemüt und Seele. Er liess Bäume fällen, um aus dem Holz noch Geld zu schlagen. Mit dem, was aus der Liquidation des Gutes blieb, und in der Meinung, die Aktien des Unternehmens hätten noch einen Wert, wurde ausserhalb der Stadt Aarau, an der Erlinsbacherstrasse 94, auf einem Hanggrundstück ein Chalet gebaut. Dorthin wurde ein bescheidener Rest des Bestandes aus dem Gut verbracht, einige Bananenpflanzen, Palmen, Orangen und Zitronen, Holz und Pfähle, Eisengitter und was sich sonst noch in einem Garten verwenden liess. In seiner Art hatte das steile Landstück mit den Felspartien unterhalb des Hungerberger Waldes einen grossen Charme, wenn es auch mit dem Parkgrundstück nicht mehr zu vergleichen war. Der Jurakalk gab ihm ein typisch einheimisches Gepräge. Das obere Gartentor führte auf den Ruheplatz von Vater Johann Rudolf Meyer mit Promenadenbank und Erinnerungstafel an den Aarauer Seidenfabrikanten und Patrioten.

An diesem neuen Orte begann für Kummler ein Leben der Beschaulichkeit. Mit Mitteln einfachster Art – denn Neues wurde nicht mehr angeschafft – und aus Relikten, die gerettet worden waren, wurde der karge Boden neu gestaltet, mit Wiesenpfaden, die der Abgesetzte selber in den Boden schlug, und mit Aussichtsbänken, die er eigenhändig zimmerte. Noch heute stösst, wer die verlassene Felsengalerie betritt, auf Eisengitter, die aus dem alten Gute stammen. Gemüse wurde zur Selbstversorgung angebaut, Federvieh lieferte die Eier und dann und wann auch einen Sonntagsbraten. Unter dem Dach in seiner Kammer schrieb Kummler auf Grund der Tagebücher und der Akten, die man ihm überlassen hatte, auf einer alten Remington, bei der die Typen von unten auf die Walze schlugen, die Berichte, auf die sich der Autor jetzt stützte. Die engere und weitere Familie rückte ins Zentrum des Tageslaufs. Mit seinen Freunden, die sich auch zurückgezogen hatten, traf er sich im Café Bank und im «Affenkasten» oder ging mit ihnen über Land. Er besuchte Veranstaltungen der Vereine, in denen er noch geachtet war.

Kummler mit dem Autor um 1935

Die Hoffnung auf Dividenden aus dem Engagement bei Kummler & Matter erwies sich zusehends offenkundiger als Illusion. Man war gezwungen, Mieter in das neue Haus zu nehmen, da Möglichkeiten zur Einschränkung der Lebenshaltung und zum Sparen kaum noch blieben.

Kummler war schon vorher recht anspruchslos gewesen. So fand er sich mit der Rückkehr zu bescheidenem Leben ab. Er versuchte nicht, einen äusseren Anschein aufrechtzuerhalten, in der Absicht, über den wahren Zustand hinwegzutäuschen. Mit seinen schneeweissen Haaren, dem weissen Schnurrbart, dem Vatermörderkragen und dem obligaten Stock war er auf Aaraus Strassen eine würdige Erscheinung, der die Chauffeurmütze, die er immer trug, kaum abträglich war. Was in diesen Jahren zählte, war die Natur, die ihn umgab, und Menschen, auf die er sich verlassen konnte, darunter auch der erste Enkel, der in der Werkstatt, im Garten und in der Arbeitskammer, in der die Brasilien-Erinnerungsstücke ruhten und die Aktenordner überquollen, die Interessen des alten Mannes teilte. Am 5. Februar 1949 starb Kummler mit 85 Jahren in seinem Heim.

Kummler + Matter nach der Ära Kummler

Alpiq EnerTrans AG – GAH Anlagentechnik Heidelberg GmbH

von Daniel Steiner, Geschäftsführer Kummler + Matter

1932 kaufte eine Wirtschaftsgruppe aus Zürich das Mehrheitspaket an Kummler & Matter. Mehrere Sanierungen führten zu einer Werteinbusse der Stammaktien der Gründer auf 2,5 Prozent des Nominals. Im Zuge dieser Sanierungen trat Ernst Göhner in den Verwaltungsrat des Unternehmens ein und bestimmte fortan dessen Lauf. In diese Zeit fielen auch eine Beteiligung der Therma AG in Schwanden (GL) und der Verkauf des Apparatebaus an die Elcalor AG. Der Leitungsbau wurde namentlich im Trolleybusbereich erweitert. 1948 erwarb die Elektrowatt ein Minderheitspaket. 1949 wurde der Gesellschaftssitz von Aarau nach Zürich verlegt und 1953 die Elektrowatt zur Mehrheitsaktionärin. Der Leitungsbau wurde durch die Übernahme der Firma Herzog & Sonderegger mit Sitz in Buchs (ZH) verstärkt. Schliesslich wurden in der Schweiz ein neues Filialnetz auf dem Gebiet der Elektroinstallationen aufgebaut sowie die Tätigkeiten auf dem Gebiet der Verkehrsregelungsanlagen und der elektrischen Spezialanlagen aufgenommen.

Ende 1997 wurde Kummler + Matter in der Folge der Aufteilung der Elektrowatt von Atel übernommen und kehrte damit in den angestammten Bereich jener Zeit zurück, in der das Unternehmen unter Kummler den Kraftwerksleitungsbau begonnen hatte. Die Elektroinstallationssparte wurde aus Kummler + Matter AG herausgelöst und bildete den Kern der Tätigkeiten, die heute unter dem Dach der Atel Installationstechnik AG (AIT) auf dem Gebiet der Gebäudetechnik (Elektroinstallationen, HLKS) wahrgenommen werden.

Die Geschäftsaktivitäten der Kummler + Matter AG unter dem Dach der AIT konzentrierten sich in der Folge auf den Werkleitungs- und Kabelbau, die Fahrleitungstechnik, Verkehrstechnik und auf elektrische Spezialanlagen.

Mit dem im Jahr 2000 erfolgten Kauf von Mauerhofer + Zuber SA wurde das Engagement in den vorgenannten Sparten in der Westschweiz verstärkt und es erfolgte der Einstieg in die Bahnsicherungstechnik.

Einen besonderen Höhepunkt im Kerngeschäft von Kummler + Matter bildet die fahrleitungsseitige Ausrüstung für den Hochgeschwindigkeits-Bahnverkehr der Neubaustrecke Mattstetten – Rothrist der SBB sowie des Alptransit- Basistunnels Lötschberg, welcher im Dezember 2007 dem fahrplanmässigen Verkehr übergeben wurde. Im Jahre 2008 erfolgte die prestigeträchtige Auftragserteilung für die fahrleitungstechnische Ausrüstung des Gotthard-Basistunnels, des mit 57 km längsten Bahntunnels der Welt.

In Deutschland blieb die Verbindung mit der 1910 ursprünglich als Zweigniederlassung errichteten Gesellschaft für elektrische Anlagen (GEA) in Stuttgart erhalten. Nach dem zweiten Weltkrieg erlebte das mittlerweile in GA umbenannte Unternehmen insbesondere im Leitungsbau einen stürmischen Aufschwung. Durch umfangreiche Zukäufe über Jahre entstand aus der GA schliesslich 1997 die heutige GAH Anlagentechnik Heidelberg GmbH. Die GAH wurde im Jahre 2000 durch den Atel-Konzern übernommen und bildet heute zusammen mit der AIT mit über 7'700 Mitarbeitern den Bereich Energieservice. Damit sind sowohl Kummler + Matter AG als auch die GAH GmbH, die beide ihre Wurzeln dem Pionier und Unternehmer Hermann Kummler verdanken, wieder unter einem Dach vereint.

Der im Jahre 2005 durch die Atel Installationstechnik AG erfolgte Zukauf der tschechischen Firma Elektroline Inc. in Prag ermöglichte im Fahrleitungsbereich von Stadtbahnen, Tram- und Trolleybus-Systemen sowie im Bereich der Tramweichenantriebe eine weitere Stärkung der Marktposition von Kummler + Matter auf mittlerweile fünf Kontinenten.

Schliesslich erfolgte im Oktober 2008 der Zusammenschluss der beiden Stromkonzerne Atel und der EOS (Electricité de l'Ouest Suisse) zur ALPIQ. Auf diese Weise entstand ein Konzern mit über 16 Mia. CHF Umsatz im Jahre 2008. Damit steht auch für die Kummler + Matter AG eine Namensänderung bevor, indem sie als Bestandteil der ALPIQ neu ab dem 1. Oktober 2009 ALPIQ EnerTrans AG heisst. Der frühere, mittlerweile hundertjährige Firmenname soll jedoch erhalten bleiben, indem der Name auf eine eigenständige Firma für die Planung und Projektierung von Fahrleitungsanlagen übertragen werden soll.

Chronik

1863	27. Juni geboren in Aarau
1881	Lehre bei der Aargauischen Creditanstalt
1884–1885	Marseille: Importhandel
1886	Zentralschweizerische Lagerhäuser, Aarau: Spezialrevision
1888–1891	Cramer-Frey & Co., Pernambuco: Importhandel
1892	Elektricitätswerk Aarau, Bäurlin & Kummler
	Konzession für erstes Licht- und Kraftnetz der Stadt Aarau
1894	Beteiligung an EW Olten-Aarburg, Kraftwerk Ruppoldingen, mit erstem grösserem Leitungsbau
	Trennung von Bäurlin (später Sprecher & Schuh). Fortführung unter der Firma H. Kummler & Co.
	Ausdehnung des Leitungsbaus im Hochspannungs-, Niederspannungs- und Schwachstromsegment mit Ortsverteilnetzen und Transformatorenstationen. Ausbau der Inneninstallationen, der industriellen Anlagen und der Apparateherstellung
1896	Fabrikneubau in der Bleichematt, Aarau
	Studienreisen zur Gewerbeausstellung in Berlin und zur elektrischen Landesausstellung in Nürnberg, Besuch bei Emil Rathenau, AEG, und bei Schuckert

1897	Heirat mit Elsa Sauerländer: erstes Domizil Herzogstrasse 27, Aarau, später Kauf der Villa Olinda, heute Parkweg 9
	Kraftwerkprojekte Schinznach und Gnadenthal
	Konkurrenz durch Acetylen- und Gasglühlicht
1899	Schweizer Delegierter am Normierungskongress für Sicherungen in Berlin
	Besuch der Automobilausstellung in Berlin, der AEG, der Schnellbahn Marienfelde–Zossen, bei Voigt & Haeffner in Bockenheim und C. F. Benz in Mannheim
	Gründung der Schweizerischen Automobil-Gesellschaft, Aarau
1901	Konkurrenzkampf gegen AEG in Baselland
1903	Paul Edwin Matter Associé
1905	Erster Fahrleitungsbauauftrag (Langenthal-Jura-Bahn)
1906	Fahrleitungsbau im Simplontunnel, in Brig und Iselle (Auftrag des Generalunternehmers BBC)
	Erster Auslandsauftrag (von BBC: Hochspannungsleitung Borgomanero–Novara)
	Gründung VSEI: Kummler Präsident
1909	Kollektivgesellschaft und im gleichen Jahr am 1. Juli Aktiengesellschaft Kummler & Matter (Kummler VR-Präsident und Delegierter, Matter Delegierter)
1910	Konzessionserteilung für ein Kraftwerk Rupperswil an Kummler & Matter mit späterem Verkauf an BBC gegen Grossauftrag im Leitungsbau: 1912/13 erste Gittermastenleitung der Schweiz von Anwil nach Réchésy in Frankreich
	Zweiggeschäft in Stuttgart: Einstieg in den deutschen Leitungsbau
1911 ff.	Fahrleitungsbau für zahlreiche private Bahnen. 1917 patentierte flexible Leichtbauaufhängung für Bahnen System Kummler & Matter
1914 ff.	Kriegsausbruch: von delikater Situation zu gefestigter Stellung in Deutschland. Konflikt mit Frankreich. Umgründung in Stuttgart: Gesellschaft für elektrische Anlagen mbH (GEA/heute Alpiq-Tochter GAH Heidelberg. Siehe dazu Sonderpublikation unter Literaturangaben)
	Mangel an Kupfer- und Eisendraht. Zwang zu Rüstungsproduktion
1916/20	Gründungs- und Vorstandsmitglied Mustermesse Basel
1918/19	«Notelektrifikation» der SBB: erster SBB-Auftrag an Kummler & Matter (Leuk–Sion)
1918–1922	Fahrleitungsbau für die RhB (Kummler & Matter Hauptunternehmer)
1922 ff.	Grossaufträge im Fahrleitungsbau SBB
1926	«Auslandabteilung»: Expansion für den Apparatebau ins Ausland mit neuem Leiter. Kompetenzaufteilung bei Kummler & Matter: Rückzug Kummlers auf das VR-Präsidium und den Leitungsbau
1927/28	Fiasko der Expansion. Entlassung des Leiters der Auslandabteilung
1929	Kaltstellung Kummlers. Rückzug vom Berufsleben
1949	5. Februar Hinschied mit 85 Jahren in Aarau

Quellen, Bildnachweis und Literatur

Die vorliegenden Ausführungen stützen sich auf einen über 500 Seiten starken, maschinengeschriebenen Bericht Kummlers über die „Historische Entwicklung der Firma H. Kummler & Co. und die AG Kummler & Matter, 1889-1928" mit Beilagen. Von der Schweizerischen Automobil-Gesellschaft in Aarau sind das Protokollbuch und weitere Unterlagen, namentlich der Beschrieb des Trolleybusprojektes Weggis-Brunnen, vorhanden. Das Original-Bildmaterial stammt aus dem Archiv Hermann Kummler und der Firma Kummler+Matter. Ausnahmsweise mussten im Archiv vorhandene Drucke benutzt werden. Bei den Originalvorlagen handelt es sich um Papierkopien, Glasplatten und Glasdiapositive. Ein Teil dieses um die hundert Jahre alten Bildmaterials wurde digital aufbereitet. Alle Dokumente befinden sich beim Autor oder beim Stadtarchiv Aarau.

Weiterführende Arbeiten des Autors zu Kummler mit zusätzlichem Originalbildmaterial:

Beat Kleiner: Schweizerische Automobil-Gesellschaft Aarau 1900/1901, Aarauer Neujahrsblätter 2004, Baden 2003.

Beat Kleiner: Gleislose Tramverbindung Weggis-Brunnen - Vemutlich erstes schweizerisches Projekt einer öffentlichen Trolleybuslinie von 1900/1902, Tram, Illustrierte Fachzeitschrift für den öffentlichen Personenverkehr in der Schweiz, No. 78/06.-08. 2004.

Beat Kleiner: 100 Jahre Simplontunnel 1906 - 2006 - Das grosse Wagnis Elektrifikation, Schweizer Eisenbahn-Revue Nr. 5/2006.

Beat Kleiner: Erste Gittermastenleitung der Schweiz, Bulletin VSE/electrosuisse, 20 2007.

Beat Kleiner: Ein Schweizer Elektrizitätspionier in Deutschland - Ursprung der GAH Heidelberg - Hermann Kummler-Sauerländer, Sonderpublikation der Reihe Schweizer Pioniere der Wirtschaft und Technik, Verein für wirtschaftshistorische Studien, Zürich 2008.

Beat Kleiner: Aufbruch ins Elektrizitätszeitalter – Hermann Kummler und das Kraftwerk Ruppoldingen, Elektrizitätswerk Olten-Aarburg, Bullein VSE/electrosuisse 20, 2008.

Béatrice Ziegler/Beat Kleiner (HG): Als Kaufmann in Pernambuco *1888-1891* - Ein Reisebericht mit Bildern aus Brasilien von Hermann Kummler (mit zahlreichen eigenen Aufnahmen Kummlers aus der Zeit), Chronos, Zürich, 2001.

Dank

Der Dank des Autors geht an Dr. Hans Meier † und Daniel Steiner, Direktion Kummler & Matter, Zürich, für die spontane Kooperation sowie an Gion Rudolf Caprez, Chur, für die aufwendige Lokalisierung der Aufnahmen vom Leitungsbau für die Rhätische Bahn und andere Hinweise, an Peter Kamm, Zürich, für ergänzende Angaben, an Hans Streiff-Meier, Nussbaumen, für Literaturhinweise und an Hans Waldburger, Zürich, für diverse Hinweise.

Adresse des Autors:
Prof. Dr. iur. Beat Kleiner, Witellikerstrasse 22, CH-8702 Zollikon

Umschlag vorne: Rhätische Bahn, Strecke Sumvitg–Disentis 1921/22: Fahrleitungsbau Kummler & Matter auf dem Russein-Viadukt

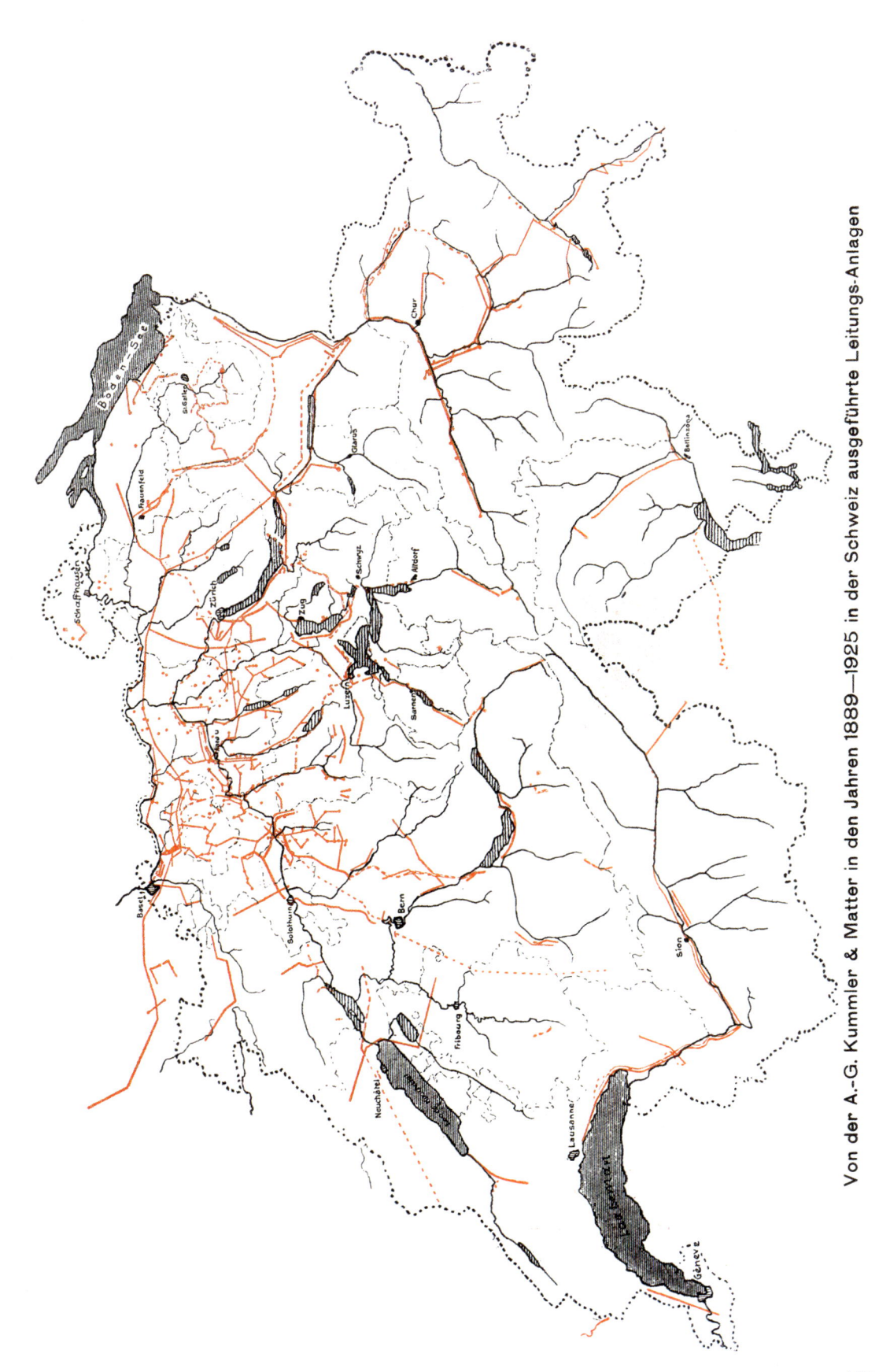

Von der A.-G. Kummler & Matter in den Jahren 1889–1925 in der Schweiz ausgeführte Leitungs-Anlagen

103

Ein Schweizer Elektrizitätspionier in Deutschland

Ursprung der GAH Heidelberg – Hermann Kummler-Sauerländer

pioniere Sonderpublikation der Reihe «Schweizer Pioniere der Wirtschaft und Technik»

Hermann Kummler-Sauerländer war ein Pionier des elektrischen Leitungsbaus. Vor 100 Jahren ergriff der Gründer und Exponent der in Aarau (Schweiz) domizilierten Kummler & Co., ab 1909 Kummler & Matter AG, die Initiative zur Ausdehnung dieser erfolgreichen Tätigkeit auf deutsches Gebiet. Die vorliegende Sonderpublikation versteht sich als Ergänzung von Band 71 der Reihe «Schweizer Pioniere der Wirtschaft und Technik» über Hermann Kummler-Sauerländer. Sie möchte dieses höchst bemerkenswerte, in turbulenten Zeiten erfolgte Unternehmen eines Schweizers in Deutschland näher beleuchten.